PEDAGOGÍA EN ARTES Y DIVERSIDAD

— *Colección INNTED* —

PEDAGOGÍA EN ARTES Y DIVERSIDAD

Editores

María Nieves Martínez de Olcoz
Francisco Javier Otero García

Autores
(por orden de aparición)

Matilde Azcárate Luxán
José María Salvador González
Herbert González Zymla
Carolina Del Valle Ramos
Sergio Faus Rodríguez
Antonio Matas Terrón
Pablo Daniel Franco Caballero
Juan José Leiva Olivencia
Alberto Pineda Mier
Violeta Izquierdo Expósito
Dulcilia Schroeder Buitoni

EGREGIUS
ediciones

Pedagogía en Artes y Diversidad

Ediciones Egregius
c/ Profesor Tierno Galván, 21, 41910 - Camas, Sevilla
www.egregius.es

Diseño de cubierta e interior: Francisco Anaya Benitez

© Los autores

1ª Edición. 2018

ISBN 978-84-17270-34-6

ÍNDICE

INTRODUCCIÓN

La presente publicación contiene un conjunto de artículos de diversa procedencia pero con un arraigo común, fruto de un encuentro realizado en el marco de investigación universitaria. En su momento, los trabajos que van a poder leer formaron parte del congreso INNTED 2017 I Congreso Internacional de Innovación y Tendencias Educativas, celebrado en la ciudad de Sevilla los días 5, 6 y 7 de julio de 2017, donde quedaron inscritos en la mesa de trabajo: Pedagogía en Artes y Diversidad. Finalmente estas ponencias se publican en el presente tomo en su versión extendida bajo revisión académica, ya como artículos de investigación.

El Simposio que nos ocupa en este estudio, quedó orientado en trabajar la pedagogía en las artes, focalizando especialmente las relaciones de inclusión en el aula sobre relaciones heterogéneas y multidisciplinares. De esta manera quisimos recapacitar y profundizar sobre los recursos y las metodologías que se están empleando actualmente en estos ámbitos, con vistas así mismo a poder abrir posibilidades futuras para investigar cómo aprender y dirigir nuestra atención dentro del mundo complejo en el que nos desarrollamos, sin simplificarlo y abrazando sus diferencias. Los esfuerzos de investigación se dirigieron sobre todo ello a la comprensión de la realidad en su diversidad, con la voluntad puesta en tratar de dilucidar cómo capacitar la propia experiencia de aprendizaje en las aulas para estar más conectados a los demás y a las cosas que nos rodean.

Podemos decir gracias al camino andado en el congreso, que los procesos de conocimiento en los que las personas nos vemos inmersos dentro de la sociedad de la que formamos parte, debieran crecer sobre objetivos y resultados reales y funcionales, tanto dentro del mundo académico como en aspectos cotidianos y profesionales. A su vez, este conocimiento tiene que abrirse a la experimentación y la imaginación que una persona puede manifestar desde su capacidad creativa. Pese a las medidas recientes tomadas con la aparición de políticas y cierta legislación sensible a estas problemáticas, que han sido generalmente tratadas como antítesis, habría que valorar si se han superado las separaciones y los sesgos tradicionales en la pedagogía entre la razón y la imaginación, o en qué momento de diálogo se hallan. Desde el estudio académico, el corpus teórico de investigación en la enseñanza necesita ser ampliado y engrosado cualitativamente en cuestiones de inclusión, participación, heterogeneidad, multidisciplinariedad y autonomía, valorando desde la práctica si se está consiguiendo un desarrollo adecuado entre las personas implicadas y cómo se concreta su presencia en los diferentes espacios vitales que ejercitan en su propia vida. Con todo hemos intentado dilucidar la efectividad de las pedagogías actuales y si en su implantación hay riesgo de estar creando nuevas burbujas de exclusión; la presente muestra de investigaciones es en ello un intento de intentar abrir puntos de conexión, posibles vías de desarrollo, o cuanto menos, campos y marcos de disconformidad y elementos para la discusión.

Hemos querido hacer especial hincapié en cómo el arte contemporáneo goza de un momento de especial interés hacia las prácticas colaborativas y participativas, que en suma suelen beneficiarse de un compromiso social y un activismo que las puede reforzar pedagógicamente. Tal como queremos valorar, esta activación se puede tomar como ayuda para reconstruir las bases de la educación en las aulas bajo el foco de las necesidades actuales. Sin embargo, en su relación con la enseñanza, la función del arte no puede ser solamente tomada como excusa, y las instituciones implicadas deben formar artistas desde la universalidad y la complejidad creativa. Desde una voluntad de excelencia puesta al servicio de la accesibilidad se ha querido abordar también el problema, más básico pero fundamental, de la dificultad de las enseñanzas artísticas en la universidad española, reconocimiento que a duras penas logra concretarse cualitativamente y que sin duda sigue pendiente. Por todo ello la inclusión de la diversidad en artes requiere de nuevos mapas cognitivos y hemos en esta publicación aproximarnos lo máximo posible a una investigación pragmática sobre las necesarias dimensiones que en ello implican consideraciones sobre la calidad de vida, el bienestar tanto material como emocional, los derechos humanos, la autodeterminación, el desarrollo personal y las relaciones vitales que se generan en estos procesos.

En definitiva el principal objetivo de la presente publicación recae sobre los modos de pensar en sí mismo pero también, y más en ello, en las maneras de superar los modelos tradicionales de entender la diversidad cognitiva e investigar cómo se puede ir hacia un modelo de autodeterminación, calidad de vida y goce de derechos en un mundo habitable que sea accesible y participativo con oportunidades de crecimiento para todos. Hemos tratado de dar prioridad a los artículos que han tratado de entender la educación como un proceso orgánico y armónico, un ecosistema en constante cambio que lejos del estancamiento o la regresión quiera aprovechar la actual crisis para volver a generar patrones más humanos de comportamiento y crecimiento.

Desde una visión práctica de las artes enfocada en dotar a la persona que a ellas de se acerca de una especial autonomía, Alberto Pineda Mier nos presenta una técnica de aprendizaje basada en la comunicación mediante el comportamiento corporal, donde el contacto con el otro se vuelve esencial, una herramienta desarrollada en base a su larga experiencia profesional, presentada como MOC: Programa Educativo y Formativo a Través del Movimiento Orgánico Creativo. Esta técnica se centra en la propia experiencia de la persona implicada en el aprendizaje, se mueve sobre sus ejes emocional, social y creativo y trata de favorecer una experimentación consciente y libre con la que poder retomar el contacto con el propio cuerpo como motor de expresión y comunicación.

Teniendo en consideración el crecimiento y desarrollo del alumno en el proceso pedagógico, y valorando las actuales herramientas de cualificación y calificación de las que disponemos en nuestro sistema institucional, Sergio Faus Rodríguez, Antonio Matas Terrón, Pablo Daniel Franco Caballero y Juan José Leiva Olivencia nos presentan un motivador y prometedor estudio en torno a la capacidad que nos puede ofrecer la música como mediadora en la gestión del estrés que genera el alumnado en sus procesos de aprendizaje. En ella el alumno y el profesor quedan vinculados en su esfuerzo y rendimiento, buscando mejorar su ambiente de trabajo. Para poder sacar conclusiones al respecto, llevan a cabo un ejercicio de investigación, donde podemos valorar las posibles medidas que pueden ser tomadas en el uso de la música, teniendo en consideración el relevante papel que ésta desempeña.

Mediante un ejercicio experimental de diseño curricular basado en una adaptación práctica de las necesidades del aula Carolina Del Valle Ramos nos muestra la importancia de la imagen en los procesos cognitivos, en concreto sobre el uso de la fotografía, y en ello nos cuenta la implementación de una herramienta de innovación pedagógica en la que los alumnos toman parte de su propio aprendizaje y convierten el uso de la fotografía en una potente aliada. La actividad, llevada a cabo dentro del Programa de Formación Docente de la Universidad de Sevilla, pone en marcha un concurso fotográfico como proceso de mejora dentro del aula, herramienta que genera nuevas vías para la asimilación y aprehensión de los contenidos en una dinámica de participación.

Entre las posibles zonas de mejora y campos en los que desarrollar un discurso de contraste, Dulcilia Schroeder Buitoni nos propone un acercamiento a la capacidad de las imágenes a través de un estudio profundo asumido con mayor rigor sobre su utilización crítica. Para ello, hace eco de dos conceptos que ella misma desarrolla para poder adentrarse en las posibilidades que las nuevas tecnologías nos brindan: el concepto de 'embrión narrativo' y el de 'imagen transitiva'. Con ellos nos lleva al estudio, pero también a la posibilidad de adentrarnos en la creación misma, de las imágenes en movimiento, como investigación y experimentación de nuevas estrategias visuales y audiovisuales para el periodismo.

Violeta Izquierdo Expósito nos muestra cómo generar una dinámica de investigación convirtiendo el aula de arte universitaria en un taller de creación con nuevas tecnologías. En su artículo podemos ver los resultados obtenidos tras la implementación de un plan de innovación docente mediante el que se busca conectar la enseñanza de las artes con la utilización de nuevos recursos digitales. La exposición nos muestra así el proceso que podemos tomar para generar herramientas que puedan afrontar los cambios que se están produciendo en las tecnologías de la información y la comunicación mediante nuevos vínculos y vías de conexión entre el alumno y el profesor, así como entre los propios alumnos y/o los propios profesores.

Desde la voluntad de visibilizar las situaciones de inclusión y causar un efecto real sobre la vida de las instituciones en su día a día, Matilde Azcárate Luxán, Herbert González Zymla y José María Salvador González, nos muestran los resultados de la construcción de un equipo de trabajo en torno a la accesibilidad para personas con necesidades especiales. MUSACCES, que parte de la iniciativa del Grupo de Investigación CAPIRE de la Universidad Complutense de Madrid, es un equipo interdisciplinar e interinstitucional con importantes logros ya cumplidos y una prometedora agenda por delante.

En conclusión, a modo de mapa cognitivo sobre el que poder orientar y abordar la lectura para aprehensiones tangenciales y/o divergentes para seguir las vías aquí propuestas o poder emprender aventuras hacia otras posibles vías de investigación, las líneas fundamentales sobre las que abordar esta publicación son las siguientes:

- Artes y Nuevas Tecnologías: su impacto y posibilidades.

- Prácticas Artísticas y Autonomía: el contacto con el otro.

- Visibilizar las Situaciones de Inclusión: aciertos y zonas de mejora.

- Diversidad e Intersecciones: el día a día en la vida real entre las artes y la diversidad.

- Universalidad y Complejidad de los Conocimientos: las artes y la diversidad en las instituciones más allá de las artes y la diversidad.

- Las Capacidades Humanas: historia de la relación entre las artes y la diversidad.

- La Diversidad como Pro-Fe-Si-Ón: el camino del artista.

- La Vida en el Taller/Aula de Arte Universitario: diseño curricular y adaptaciones prácticas.

- Cualificación y Calificación: el alumno y el profesor en su esfuerzo y rendimiento, en su responsabilidad y compromiso.

María Nieves Martínez de Olcoz
Francisco Javier Otero García

EL CONSORCIO MUSACCES Y LA ACCESIBILIDAD A INVIDENTES, SORDOS Y RECLUSOS DEL PATRIMONIO ARTÍSTICO DEL MUSEO DEL PRADO: NUEVAS PROPUESTAS PEDAGÓGICAS PARA LA IGUALDAD DESDE LA UNIVERSIDAD

Drª Matilde Azcárate Luxán
Universidad Complutense de Madrid
Dr. José María Salvador González
Universidad Complutense de Madrid
Dr. Herbert González Zymla
Universidad Complutense de Madrid

Resumen

Ante el reto de hacer accesibles los tesoros culturales del Museo del Prado a grupos con especiales condiciones de accesibilidad, como invidentes, sordos y reclusos, el Grupo de Investigación CAPIRE, adscrito a la Universidad Complutense de Madrid, organizó el Consorcio MUSACCES para participar en una convocatoria pública de la Comunidad de Madrid para Ayudas a la Investigación. MUSACCES quedó constituido inicialmente por un equipo interdisciplinar e interinstitucional con más de 110 profesionales, especialistas en diversas áreas de las humanidades, la ciencia y la tecnología, los cuales están adscritos a ocho Grupos de Investigación de siete Facultades pertenecientes a la Universidad Complutense de Madrid (UCM), la Universidad Nacional de Educación a Distancia (UNED) y la Universidad Autónoma de Madrid (UAM). La presente comunicación pretende exponer ante la comunidad los objetivos que nos hemos marcado y las acciones hechas, sus resultados, las que están previstas y los resultados finales que se preveen.

Palabras clave: Historia del Arte, Museo del Prado, MUSACCES, CAPIRE.

1. INTRODUCCIÓN/ MARCO TEÓRICO

1.1.   El Problema

Es bien conocido el grave problema que las personas con accesibilidad especial —como los invidentes, los sordos, las personas con deficiencias intelectuales o con movilidad reducida— confrontan en su legítimo derecho y absoluta necesidad de acceder a la educación y a la cultura en igualdad de oportunidades respecto a las que gozan quienes son consideradas personas "normales". Semejante problema ha adquirido tan gran dimensión y reviste tal importancia que la Convención de Naciones Unidas sobre los derechos de las personas con discapacidad pide en su *Artículo* 24, garantizar el derecho a la educación, al desarrollo pleno de la personalidad, los talentos y la creatividad de las personas que presenten alguna discapacidad de cualquier tipo, sensorial o intelectual[1].

Esto implica necesariamente un profundo cambio de paradigma educativo, que está exigiendo de las Universidades —siendo como son motores privilegiados del cambio social- efectuar grandes transformaciones en su sistema y sus instrumentos de enseñanza/ aprendizaje, con el propósito de contribuir activa y eficazmente al desarrollo del bienestar de la sociedad en general, de los estudiantes en particular y, de modo muy especial, de aquellos que tienen algún tipo de discapacidad.

No en vano el conocimiento y la cultura son el principal activo de las personas individuales, los colectivos organizados y la sociedad en general. Sobre la base de tal premisa, la adquisición y disfrute de los mayores niveles posibles en educación, conocimiento y cultura constituyen un reto para toda persona con discapacidad, en su justificado deseo de contribuir con sus propios talentos al progreso y al bienestar de la sociedad a la que pertenecen.

Uno de los aspectos de ese problemático acceso a la educación y la cultura que las personas con discapacidad han tenido hasta ahora es, precisamente, el de sus grandes dificultades para acceder y preciar los tesoros culturales de los Museos. Ante semejante coyuntura y reto, el Grupo de Investigación

---

[1] El citado artículo 24 dice: Los Estados Partes reconocen el derecho de las personas con discapacidad a la educación. Con miras a hacer efectivo este derecho sin discriminación y sobre la base de la igualdad de oportunidades, los Estados Partes asegurarán un sistema de educación inclusivo a todos los niveles así como la enseñanza a lo largo de la vida, con miras a: a) Desarrollar plenamente el potencial humano y el sentido de la dignidad y la autoestima y reforzar el respeto por los derechos humanos, las libertades fundamentales y la diversidad humana; b) Desarrollar al máximo la personalidad, los talentos y la creatividad de las personas con discapacidad, así como sus aptitudes mentales y físicas; c) Hacer posible que las personas con discapacidad participen de manera efectiva en una sociedad libre. http://www.un.org/esa/socdev/enable/documents/tccconvs.pdf.

CAPIRE (Colectivo para el Análisis Pluridisciplinar de la Iconografía Religiosa Europea)[2], adscrito a la Universidad Complutense de Madrid, organizó el Consorcio MUSACCES con motivo de participar en una Convocatoria pública de la Comunidad de Madrid para Ayudas a la Investigación. Superando en forma creativa los convencionales requerimientos de dicha convocatoria, MUSACCES quedó constituido inicialmente por un equipo interdisciplinar e interinstitucional de 82 profesionales (hoy somos ya más de 110) especialistas en diversas áreas humanísticas, científicas y tecnológicas, los cuales están adscritos a 8 Grupos de Investigación de 7 Facultades pertenecientes a la Universidad Complutense de Madrid (UCM), la Universidad Nacional de Educación a Distancia (UNED) y la Universidad Autónoma de Madrid (UAM). El proyecto propuesto por MUSACCES fue altamente valorado (pues quedó segundo, con escasa diferencia respecto al primer clasificado) y generosamente financiado por la Comunidad de Madrid con una asignación presupuestaria de 205.005,90 euros para el trienio 2016-2018. El motivo de tan alta evaluación e interés por parte de la CAM se debió al hecho de que MUSACCES diseñó su proyecto con el objetivo esencial de facilitar, con los más modernos y eficaces recursos tecnológicos, el acceso intelectual al patrimonio artístico-cultural del Museo del Prado a tres colectivos de especial accesibilidad: invidentes, personas sordas y reclusos en instituciones penitenciarias.

Con el propósito de cumplir la obligación moral de satisfacer las necesidades educativas y culturales de estos tres grupos especialmente desfavorecidos, MUSACCES integró en su equipo a especialistas de alto nivel en contenidos histórico-artísticos, y sobre todo a expertos en áreas específicas de la ingeniería, las aplicaciones informáticas y las TICs [Tecnologías de la información y la comunicación], el braille y la lengua de signos, para lograr hacer intelectualmente accesibles a esos tres colectivos los contenidos artísticos mediante tales recursos tecnológicos.

Además de esta colaboración interinstitucional de los diversos especialistas de los grupos de investigación de la UCM, la UNED y la UAM, nuestro Consorcio cuenta con el apoyo del Museo del Prado, la Cátedra Vodafone de Accesibilidad (Fundación Vodafone) y otros organismos que representan los intereses de los invidentes (ONCE), las personas sordas (Federación de Personas Sordas de la Comunidad de Madrid, FeSorCam), y los reclusos (Secretaria General de Instituciones Penitenciarias, Ministerio del Interior).

---

[2] El nombre del grupo de investigación, que centra su trabajo en el estudio de la iconografía, juega con el significado del verbo *capire* en italiano, que significa entender.

1.2. Objetivos generales de MUSACCES

Para llevar a feliz cumplimiento nuestros objetivos fundamentales, hemos estructurado la estrategia de investigación sobre cuatro pilares complementarios:

I.   El primero consiste en detectar, mediante encuestas diseñadas para esos tres colectivos, las necesidades e intereses específicos de cada uno de ellos respecto al patrimonio cultural del Museo del Prado.

II.   El segundo consiste en diseñar, crear y testar aplicaciones informáticas, sistemas virtuales y otras modernas TICs adaptadas para cada uno de esos tres grupos de accesibilidad excepcional.

III.   El tercero consiste en acoplar esos nuevos recursos tecnológicos a los contenidos artísticos seleccionados por cada colectivo entre las colecciones del Museo del Prado, para organizar recorridos temáticos, adaptados a las necesidades e intereses de cada colectivo especial.

IV.   El cuarto consiste en establecer una red internacional de instituciones académicas y museísticas y de expertos en discapacidad, cultura accesible e inclusión social, de modo que la citada red nos permita promover y difundir con alcance mundial iniciativas tendentes a facilitar el acceso intelectual a la educación, el arte y la cultura a colectivos con necesidades especiales de accesibilidad.

1.3. Revisión de la literatura

No es posible intentar siquiera esbozar en los breves límites del presente artículo un Estado de la Cuestión de los incontables estudios publicados sobre discapacidad funcional, inclusión social, universidad inclusiva, sociedad incluyente y accesibilidad al arte. La síntesis que ahora se propone es tan solo una aproximación a la esencia misma de esta literatura que sobre estas cuestiones se ha publicado en los últimos 25 años, cuya consulta es tan necesaria como útil. Uno de los libros más interesantes al respecto es el que, teniendo autoría colectiva, fue editado en 2003 por E. Salzhauer Axel y N. Sobol Levent, *Art beyond Sight. A resource guide to Art, Creativity and Visual Impairment*[3]. Centrándose en la disfuncionalidad visual, los diversos especialistas que colaboraron en este libro (psicólogos, docentes, conservadores de museos, estudiantes de arte, artistas, etc., algunos de ellos invidentes) exponen, desde su específica actividad profesional, las estrategias innovadoras que aplicaron para que los deficientes visuales puedan

---

[3] Salzhauer Axel, E. & Sobol Levent, N. (eds.). (2003).

apreciar el arte: entre tales estrategias sobresalen la experiencia táctil de la obra de arte, descripciones verbales (audio-guías), dramatización, talleres de creatividad en arte, etc.

Permítasenos, a título de ejemplos, otras breves referencias a algunos trabajos publicados últimamente en España. María Dolores Ruiz de Lacanal, en 2004, publicó el artículo "Discapacidad y sociedad: Un programa educativo en el Museo dirigido a personas con discapacidad visual", donde expone el programa didáctico que ella, como profesora de Museología y Legislación Artística en la Facultad de Bellas Artes de la Universidad de Sevilla, realizó en el Museo Arqueológico de Sevilla con los alumnos del Colegio Luis Braille de Sevilla, todos ellos niños y jóvenes con discapacidad visual, identificando problemáticas y posibles estrategias para resolverlas[4].

En 2011 la revista *ICOM España Digital* dedicó su número 2 al *dossier* monográfico: *Museo e inclusión social*, en el que varios autores exponen las iniciativas de accesibilidad especial emprendidas por museos e instituciones culturales de España, como la Fundación Miró, el Museo de Ciencias Naturales de Valencia, el Museo Nacional de Antropología (Madrid), el Museo Reina Sofía, el Museo Tiflológico (de la ONCE) y otros museos nacionales[5]. En ese número de *ICOM España Digital*, el conservador Pedro J. Lavado esboza en su artículo: "'Museos para todos': Accesibles, inclusivos y multiculturales", una panorámica sucinta sobre iniciativas, que hasta esa fecha, habían impulsado los museos españoles en este delicado asunto[6].

En su artículo, publicado en 2013 con el título: "La accesibilidad en el Museo desde una perspectiva sociológica", Cristina Álvarez de Morales Mercado plantea la necesidad de hacer accesibles los espacios museísticos desde cualquier aspecto, para facilitar el acceso a la cultura de cualquier persona, independientemente de sus discapacidades. La autora describe los tipos de accesibilidad, y pone como ejemplo el proyecto piloto del Museo Reina Sofía para acercar la cultura y el arte contemporáneos a cualquier grupo social[7], desarrollado entre 2007 y 2008, liderado por Pablo Martínez, que buscaba la inserción social y laboral de discapacitados en la plantilla permanente del Museo y que fue publicado en forma de artículo: "Distrito MNCARS. Políticas educativas de proximidad: el potencial del museo como agente social para el cambio"[8]

Silvia Soler Gallego y Javier Chica Núñez publicaron en 2014 el artículo: "Museos para todos: evaluación de una guía audio-descriptiva para personas con discapacidad visual en el Museo de Ciencias", ofrecen los resultados

---

[4] Ruiz de Lacanal, M. D. (2004) pp. 47-61.
[5] VV.AA. (2011) pp. 3–147.
[6] Lavado, P. J. (2011), pp. 9–18.
[7] Álvarez de Morales Mercado, C. (2013) pp. 1-18.
[8] Martínez, P. (2013).

del estudio que efectuaron en el Parque de las Ciencias de Granada con discapacitados visuales, a quienes se les facilitó una audio-guía creada por los autores en el marco del proyecto TACTO[9]. La evaluación de la guía en los aspectos lingüísticos de sus contenidos, junto con técnicas de observación participante, encuesta y entrevistas, arrojó como resultado que las expectativas y necesidades de cada visitante varían mucho en función de sus características individuales, relacionadas con su nivel de discapacidad y sus hábitos de visita a museos. Una buena parte de estas experiencias han servido para mejorar sustancialmente la accesibilidad de las colecciones del Museo Arqueológico Nacional, cuyo reciente montaje fue inaugurado el 1 de abril de 2014, una reforma que ha cosatado 65.000.000 de € de inversión.

1.4. Objetivos específicos de MUSACCES

Los objetivos esenciales de MUSACCES son:

    I.   Trazar el *status quaestionis* sobre las investigaciones más recientes y relevantes nacionales e internacionales sobre "educación y cultura accesible", universidad y discapacidad, que buscan potenciar la eficacia educativa con vistas a mejorar la calidad de vida de las personas con discapacidad.

    II.   Detectar y analizar los intereses y necesidades de cada uno de los tres colectivos con especial accesibilidad respecto al patrimonio artístico del Museo del Prado.

    III.   Organizar las líneas temáticas, los recorridos interactivos y las aplicaciones tecnológicas con los contenidos artísticos del Museo para adaptarlos a los productos que se generarán para cada colectivo destinatario según sus intereses y necesidades.

    IV.   Investigar los contenidos temáticos, adaptar las unidades didácticas y programar los sistemas tecnológicos necesarios para los tres citados grupos de accesibilidad especial.

    V.   Producir, revisar y probar los prototipos de aplicaciones, sistemas y exposiciones que traduzcan los recorridos virtuales adaptados a los invidentes, personas sordas y reclusos.

    VI.   Difundir los resultados entre los principales foros de los tres colectivos destinatarios en particular, y entre los agentes sociales en general.

---

[9] Soler Gallego, S. y Chica Núñez, A. J. (2014) pp. 145-167.

VII.   Evaluar cuantitativa y cualitativamente el impacto y grado de satisfacción que en cada colectivo de accesibilidad especial tienen las aplicaciones y visitas virtuales producidas para ellos, buscando mejorar la calidad de los servicios de atención a la discapacidad.

VIII.   Transferir los resultados de la investigación a organismos e instituciones museísticas nacionales y extranjeras organizando un Congreso internacional sobre "Museografía e integración social", y publicando un libro sobre el tema que fomente el conocimiento de nuevas técnicas, herramientas y experiencias comprobadamente eficaces en este campo.

2. DESARROLLO DE LA PRÁCTICA/EXPERIENCIA METODOLÓGICA

El método para cumplir esos objetivos se basa en cuatro estrategias complementarias:

a)   Efectuar investigaciones histórico-artísticas para diseñar los contenidos académicos sobre el patrimonio artístico del Prado adaptados para cada uno de esos tres colectivos.

b)   Realizar estudios didácticos y encuestas para detectar los intereses y necesidades de cada colectivo específico en este ámbito.

c)   Diseñar, producir y testar las aplicaciones y recursos tecnológicos más apropiados para cubrir las necesidades de accesibilidad de cada colectivo con necesidades especiales de accesibilidad.

d)   Adaptar los contenidos histórico-artísticos a las aplicaciones, plataformas y modalidades tecnológicas apropiadas para cada uno de esos tres colectivos.

2.1. Descripción del contexto y de los participantes

Como ya se dijo, MUSACCES se basa en la colaboración interdisciplinar de los algo más de cien miembros que lo conforman, integrados en ocho Grupos de Investigación, entre quienes hay catedráticos, titulares de universidad, profesores contratados doctores, ayudantes, asociados, colaboradores, contratados predoctorales, doctorandos y personal técnico. Cada uno está especializado en una u otra de las áreas de la Historia del Arte, Historia, Musicología, Ciencias de la Educación, Museología, Ciencias de la Información, Tecnologías de la Información, Ciencias de la Documentación, Sociología, Psicología, Economía e Informática. Mediante esa integrada colaboración pluridisciplinar e interinstitucional, MUSACCES garantiza la concordante puesta en común de sus capacidades científico-tecnológicas.

Cinco son los grupos que proporcionan los contenidos histórico-artísticos de los periodos y culturas presentes en el patrimonio del Museo del Prado: Tres de los grupos de investigación corresponden a la UCM (Universidad Complutense de Madrid): CAPIRE+A (Colectivo para el Análisis Pluridisciplinar de la Iconografía Religiosa Europea. Patrimonio Cultural[10]), CAPIRE+B (Colectivo para el Análisis Pluridisciplinar de la Iconografía Religiosa Europea. Imagen. Iconografía e Iconología[11]), e ICONO-MUS (Iconografía musical[12]); uno corresponde a la UNED (Universidad Nacional de Educación a Distancia): SICTO (*Signum imaginem caeli terraeque observare[13]*) y el quinto corresponde a la UAM (Universidad Autónoma de Madrid) GREIGA (grupo para el Estudio de la Imagen en la Grecia Antigua[14]).

El grupo EARTDI (Aplicaciones del Arte en la Integración Social) de la UCM brinda sus experiencias pedagógicas en aplicar el arte como terapia al público general y, sobre todo, en educación especial, a colectivos con necesidades específicas de accesibilidad[15].

El grupo MUSEUM I+D+C, Laboratorio de Cultura Digital y Museografía Hipermedia, está compuesto por profesores-investigadores de la Facultad de Ciencias de la Información de la UCM y expertos de museos y otras universidades nacionales y extranjeras, desarrolla proyectos de investigación sobre cultura digital y museografía hipermedia, investigaciones aplicadas a la creación y asesoría de museos, acciones culturales hipermedia y transmedia[16]. Su experiencia es fundamental en MUSACCES para hacer llegar el patrimonio artístico del Prado a los tres colectivos con necesidades especiales. Así lo demuestran sus aportes bibliográficos, como Colorado Castellary, que publicó en 1997 *Hipercultura visual. El reto hipermedia en el arte y la educación[17]*; Andrade Pereira, Colorado Castellary & Moreno Sánchez, que en 2014 publicaron el libro colectivo *Artecnología. Conocimiento aumentado y accesibilidad. Artechnology. Augmented Knowledge and Accessibility[18]*; Bellido Gant, que en 2001 publicó *Arte, museos y nuevas tecnologías* y en 2007 *Aprendiendo de Latinoamérica. El museo como protagonista[19]*;

[10] http://www.musacces.es/participantes/grupos/capire-a/
[11] http://www.musacces.es/participantes/grupos/capire-b/
[12] http://www.musacces.es/participantes/grupos/icono-mus/
[13] http://www.musacces.es/participantes/grupos/sicto/
[14] http://www.musacces.es/participantes/grupos/greiga/
[15] http://www.musacces.es/participantes/grupos/eartdi/
[16] http://www.musacces.es/participantes/grupos/eartdi/
[17] Colorado Castellary, A. (1997).
[18] Andrade Pereira, V., Colorado Castellary, A. & Moreno Sánchez, I. (2014).
[19] Bellido Gant, M. L. (2001) (2007).

Moreno Sánchez, autor en 2002 del trabajo *Musas y Nuevas Tecnologías, el Relato Hipermedia*[20]; y García Guardia & Menéndez Hevia, que en 2007 dieron a conocer su investigación *El diseño digital. Mímesis del espacio pictórico*[21].

El grupo multidisciplinar INADOC (Intelligent User INteraction to Accessible Digital Objects and Collections) de la UNED incorpora profesores e investigadores expertos en modelos de accesibilidad, usabilidad y tecnologías de gestión de grandes repositorios de información, interacción persona-ordenador, procesamiento automático del lenguaje natural y acceso a la información multimedia, diseño y seguimiento del uso de nuevas tecnologías en educación y medida de su calidad[22].

2.2. Instrumentos

Una vez detectados mediante encuestas los intereses y necesidades de cada colectivo en el ámbito artístico, MUSACCES ha seleccionado las obras de arte del Museo del Prado elegidas por cada colectivo formando con ellas itinerarios según bloques. Uno de esos bloques, que puede servirnos de ejemplo, es el que yo mismo coordino, dedicado a las Obras Maestras del Museo del Prado, formado por obras muy representativas y relevantes de todos los tiempos: Grupo de San Ildefonso (escultura clásica), Descendimiento de Van der Weyden y Jardín de Delicias de Jerónimo Bosco (pintura flamenca del siglo XV), Anunciación de Fra Angelico y Bacanal de Tiziano (Renacimiento Italiano),el caballero de la Mano en el Pecho del Greco (Pintura del renacimiento español), las Meninas de Velázquez y las Tres Gracias de Rubens (pintura barroca), los fusilamientos del 3 de Mayo de Goya y los Niños en la playa de Soroya (pintura del siglo XIX. Se han diseñado otros itinerarios, con otros coordinadores. Una vez seleccionadas las obras, estas están siendo investigadas en profundidad desde la perspectiva histórica, artística e iconográfica para producir textos informativo-interpretativos, adaptados a los intereses y necesidades de cada colectivo destinatario. Yo, aparte de coordinar uno de los bloques temáticos, hago, dentro de ese bloque dos obras, el Descendimiento de van der Weyden y el Grupo de San Ildefonso. Cuando los textos estén terminados, examinados por la comisión, serán luego "traducidos" a los lenguajes especiales de cada colectivo (braille, lenguaje de signos, audioguías, etc.), para poder ser usados en el museo, cuando sea posible (invidentes, sordos y reclusos), o en otros ambientes ajenos al museo (los reclusos, aunque también invidentes y personas sordas que no se desplacen al Prado).

---

[20] Moreno Sánchez, I. (2002).
[21] García Guardia, M. L. & Menéndez Hevia, T. (2007).
[22] http://www.musacces.es/participantes/grupos/inadoc/

En virtud de esa colaboración pluridisciplinar e interinstitucional de sus integrantes, MUSACCES se propone diseñar, producir y editar en distintos lenguajes, plataformas, aplicaciones y técnicas de información y comunicación —para cada colectivo especial— unas diez "visitas guiadas" virtuales de los principales núcleos histórico-artísticos de las Colecciones del Prado, desde la Antigüedad grecorromana hasta el siglo XIX, seleccionados como preferibles por cada colectivo de accesibilidad especial.

Respecto a medios tecnológicos, proponemos utilizar como base el modelo TAM (Technology Acceptance Model), basado en la percepción de utilidad y usabilidad como factores clave al decidir usar en diversos contextos una u otra de las nuevas aplicaciones tecnológicas y TICs. MUSACCES propone extender particularmente el modelo TAM, considerando el nivel de accesibilidad. Sobre esta base se diseñarán recursos lingüísticos, o de la web de los datos (DBPedia y otros) necesarios para gestionar online los recorridos, así como para tomar datos con vistas a su evaluación.

Además de las visitas guiadas virtuales, se producirán para los invidentes – en la línea de la conocida muestra del Museo del Prado "Ahora toca el Prado", "Hoy toca el Prado", celebrada entre el 20 de enero de 2015 y el 18 de octubre de 2015—exposiciones físicas con reproducciones en relieve de algunas obras maestras, para que puedan apreciar tangiblemente la obra de arte misma (su imagen fotográfica tridimensional), y no solo imaginarla mediante el discurso académico sobre ella. En el desarrollo de este proyecto concreto tuvo un papel muy relevante el profesor Fernando Pérez Suescun, que fue el comisario de la exposición (ahora itinerante), es profesor del Departamento de Historia del Arte I de la UCM y miembro del consorcio en el grupo de investigación CAPIRE A[23].

2.3. Procedimiento

Los grupos especialistas en contenidos académico-científicos revisarán la metodología, cuidando que los sistemas informáticos producidos como prototipos reflejen adecuadamente esos contenidos interactivos secuenciados.

Además, es indispensable revisar y probar dichos prototipos para confirmar su eficacia comunicativa hacia los tres colectivos beneficiarios. Un proceso de software permitirá especificar los requisitos de una aplicación móvil correspondiente a las funcionalidades necesarias identificadas en el prototipo producido, incorporando los mecanismos adecuados para cada diversidad funcional considerada (mínimo tres). Se pretende que la *app* sea suficien-

---

[23] https://www.museodelprado.es/actualidad/exposicion/hoy-toca-el-prado/29c8c453-ac66-4102-88bd-e6e1d5036ffa.

temente genérica, pero demostrativa de los conceptos necesarios para definir, usar y realizar recorridos interactivos accesibles para su posterior producción.

Después de que miembros de los tres colectivos prueben en grupos-piloto los productos científico-tecnológicos producidos por MUSACCES para mejorar su acceso al patrimonio artístico del Prado, se valorará el impacto y el grado de satisfacción que esas aplicaciones y esas visitas virtuales producen en cada uno de los tres colectivos de referencia. Se considerarán las sugerencias del Sistema de Garantía de Calidad para mejorar los productos resultantes, programando modificaciones puntuales que mejoren los contenidos y faciliten el acceso al conocimiento, al arte y la cultura.

3. CONCLUSIONES Y RESULTADOS

Las principales conclusiones se traducen en el trabajo integrado de los 8 Grupos de Investigación participantes para lograr los productos científico-tecnológicos que permitan a los tres colectivos con accesibilidad especial apreciar los tesoros del Museo del Prado. Sobre su sólida cohesión interna, MUSACCES ha obtenido ya cinco resultados básicos:

1) Se estableció la estructura organizativa de MUSACCES, mediante la constitución de sus órganos de gobierno: el Comité de Gestión, las Comisiones Delegadas (Económica, Calidad, y Relaciones Interinstitucionales) y la Comisión Permanente.

2) Se diseñó y se publicó nuestra web con toda la información sobre el Consorcio (perfil, componentes, estructura, actividades, etc.), la cual se actualiza periódicamente: www.musacces.es

3) Mediante búsquedas bibliográficas, encuestas a directivos de museos y visitas a instituciones museísticas y culturales, trazamos un amplio estado de la cuestión de la investigación sobre accesibilidad al arte y la cultura, y de las iniciativas con las que diversos museos nacionales e internacionales facilitan la accesibilidad especial al arte.

4) Estamos realizando varios cursos de formación para los jóvenes investigadores del Consorcio, a saber, el curso "Introducción al Museo del Prado para comunicadores, educadores y tecnólogos", celebrado el 15 de abril de 2016[24], buena parte de cuyos materiales pueden ser consultados en la web[25], "I Jornada de iconografía del grupo", celebrado los días 5 y 6 de mayo de 2016[26], el Seminario "El

---

[24] http://www.musacces.es/resultados/formacion/curso-prado/#1
[25] http://www.musacces.es/resultados/materiales/
[26] http://www.musacces.es/resultados/formacion/muerte-inmortal/

Museo del Prado a través de los 5 sentidos", celebrado entre el 20 de septiembre y el 18 de octubre de 2016[27], con materiales igualmente colgados en la web, en libre acceso[28], y el Congreso de Iconografía "La elocuencia de la Imagen en el Museo del Prado", celebrado los días 29 y 30 de noviembre[29]. Entre los cursos que están planeados para el próximo año académico, los días 28, 29 y 30 de noviembre de 2017, debemos se celebrará el Congreso Internacional "Los límites del arte en el Museo" en la Facultad de Geografía e Historia de la Universidad Complutense de Madrid (España) y, entre los días 27 y 28 de febrero de 2018, se celebrarán las jornadas: La genialidad del artista desde la discapacidad y la privación de libertad, destinadas a poner de relieve la importancia de algunos artistas, literatos y músicos que, habiendo sido discapacitados o habiendo estado recluidos en prisión, han sido reconocidos como genios y su discapacidad o su privación de libertad han jugado un papel crucial en el desarrollo de su creatividad, tales como Goya, Navarrete el Mudo, Cervantes, Bethoven, Alonso del Arco, Esquivel, Torrigiano, Van Gogh o Antonio Cabezón...

5) Después de haber conocido los resultados de las encuestas hechas a discapacitados y cuando hayamos elaborado las unidades de cada uno de los itinerarios, mediante grupos-piloto de invidentes y personas sordas podremos testar la calidad del producto final, analizando lo que nos han de manifestar en torno a si se adaptan o no a sus expectativas y particulares necesidades y preferencias respecto a las colecciones del Prado. Con esa información, se procederá a testar el producto definitivo y validado por la encuesta de calidad.

4. CONCLUSIÓN

El consorcio MUSACCES nace con la vocación de marcar a la comunidad científica un posible modelo de transversalidad y diálogo entre grupos de investigación, interdisciplinar, inter-facultativo e inter-universitario, que, teniendo como objetivo prioritario hacer accesibles los tesoros artísticos del Museo del Prado a discapacitados con déficit visual, déficit auditivo y reclusos, ha conseguido cursar a término una serie de cambios en los paradigmas educativos a nivel universitario. Son muchas las cosas que a lo largo de estos últimos años hemos hecho y muchas las que se van a hacer sin duda, antes del cierre del citado proyecto.

---

[27] http://www.musacces.es/resultados/actividades/5sentidos/
[28] http://www.musacces.es/resultados/materiales/
[29] http://www.musacces.es/elocuenciadelaimagen/

5. REFERENCIAS BIBLIOGRÁFICAS

Álvarez de Morales Mercado, C. (2013), La accesibilidad en el Museo desde una perspectiva sociológica, *Revista de Estudios Jurídicos*, 13, 1-18. Recuperado de [http://revistaselectronicas.ujaen.es/index.php/rej/article/view/1331

Andrade Pereira, V., Colorado Castellary, A. & Moreno Sánchez, I. (Eds.) (2014). *Artecnología. Conocimiento aumentado y accesibilidad. Artechnology. Augmented Knowledge and Accessibility.* Madrid: UCM

Bellido Gant, M. L. (2001). *Arte, museos y nuevas tecnologías.* Gijón: Trea

Bellido Gant, M.L. (2007). *Aprendiendo de Latinoamérica. El museo como protagonista.* Gijón: Trea

Colorado Castellary, A. (1997). *Hipercultura visual. El reto hipermedia en el arte y la educación.* Madrid: Universidad Complutense

García Guardia, M. L. & Menéndez Hevia, T. (2007). *El diseño digital. Mímesis del espacio pictórico.* Madrid: Fragua

Lavado, P. J. (2011), "Museos para todos": Accesibles, inclusivos y multiculturales, *ICOM España Digital*, 2, 9–18. Recuperado de [http://www.icom-ce.org/recursos/ICOM_CE_Digital/02/ICOMCEDigital02.pdf]

Martínez, P. (2013), "Distrito MNCARS. Políticas educativas de proximidad: el potencial del museo como agente social para el cambio". Actas del I Congreso Internacional Los Museos en la Educación. La Formación de los Educadores. Recuperado de www.educathyssen.org.

Moreno Sánchez, I. (2002). *Musas y Nuevas Tecnologías, el Relato Hipermedia.* Barcelona: Paidós.

Naciones Unidas, *Convención sobre los derechos de las personas con discapacidad.* http://www.un.org/esa/socdev/enable/documents/tccconvs.pdf

Ruíz de Lacanal, M.D. (2004), Discapacidad y sociedad: Un programa educativo en el Museo dirigido a personas con discapacidad visual, *Revista de Enseñanza Universitaria*, 23, 47-61. Recuperado de [http://institucional.us.es/revistas/universitaria/23/art_4.pdf]

Salzhauer Axel, E. & Sobol Levent, N. (eds.). (2003), *Art beyond Sight. A resource guide to Art, Creativity and Visual Impairment*, New York: AFB Press Recuperado de [https://books.google.es/books?id=B4ioCFic7moC&printsec=frontcover&hl=es&source=gbs_ge_summary_r&cad=0#v=onepage&q&f=false]

Soler Gallego, S. y Chica Núñez, A. J. (2014), Museos para todos: evaluación de una guía audiodescriptiva para personas con discapacidad visual en el museo de ciencias, *Revista Española de Discapacidad, 2* (2), 145-167. Recuperado de [http://www.cedd.net/redis/index.php/redis/article/view/94]

VV. AA. (2011). Museo e inclusión social. *ICOM España Digital*, 2, 3–147. Recuperado de [http://www.icom-ce.org/recursos/ICOM_CE_Digital/02/ICOMCEDigital02.pdf]

CAPÍTULO II

EL USO DE LA FOTOGRAFÍA COMO RECURSO DIDÁCTICO EN GEOGRAFÍA: RESULTADOS DE SU UTILIZACIÓN EN UN CICLO DE MEJORA DE INNOVACIÓN DOCENTE

Dra. Carolina Del Valle Ramos
Universidad de Sevilla, España

Resumen

Es ampliamente conocido que la fotografía se ha consolidado como uno de los recursos docentes más utilizados en el proceso de enseñanza-aprendizaje en todos los niveles de la Educación. Desde la etapa infantil hasta los estudios superiores, es utilizada como medio para un acercamiento rápido de la realidad al aula, favoreciendo la adquisición de contenidos principalmente conceptuales. La Geografía es una de las disciplinas que más utilización de dicho recurso metodológico ha hecho, tanto que incluso en los últimos años se han creado repositorios de libre acceso, como por ejemplo Geophotopedia, que permiten la utilización con fines didácticos de fotografías del territorio.

Ante ello, y a consecuencia de formar parte del Programa de Formación Docente de la Universidad de Sevilla durante el Curso 2016/2017, se decide utilizar la fotografía como recurso docente para elaborar un Ciclo de Mejora dentro de la asignatura de "Geografía Rural y Urbana". Dicho ciclo pretendía afianzar contenidos tanto conceptuales como procedimentales y actitudinales, y fomentar la capacidad del alumno para avanzar en su propio aprendizaje significativo.

El trabajo se planteó a través de un concurso fotográfico dividido en dos partes: La primera centrada en la elección del territorio y realización por parte del alumno de dos fotografías distintas, una de un ámbito rural y otra urbano que, a su juicio, reflejasen los elementos y valores caracterizadores de cada uno y, una segunda parte, centrada en realizar una valoración y reflexión sobre las fotografías con respecto al contenido conceptual y procedimental de la materia, y su exposición y defensa en el aula.

Finalmente, se han realizado dos tipos de evaluaciones, una por parte del alumno sobre la valoración de dicha actividad y una segunda, por parte del profesor, sobre la utilización de dicho recurso como método innovador en el proceso de enseñanza-aprendizaje. Los resultados obtenidos nos han permitido afirmar que la utilización de la fotografía como recurso didáctico ha mejorado la asimilación de los contenidos conceptuales y procedimentales de los alumnos, y que dicha herramienta metodológica es fundamental para el conocimiento e interpretación del territorio dentro del aula.

Palabras claves

Geografía, fotografía, recurso didáctico, proceso enseñanza-aprendizaje, innovación docente.

Introducción: La fotografía en la Didáctica de la Geografía

En la Era Digital en la que nos encontramos inmersos hoy día, la utilización de las Nuevas Tecnologías en los procesos de enseñanza-aprendizaje parece haberse consolidado como una de las principales herramientas didácticas con que cuentan en la actualidad los docentes. La Ciencias Sociales, desde el punto de vista de las Didácticas, han sabido incorporar la fotografía dentro de sus herramientas de trabajo al considerarla como un *documento social* (Pantoja Chaves, 2010) que muestra el devenir de la humanidad y sus comportamientos sociales, políticos, culturales,... Se trata además de un medio muy utilizado por la población hoy en día, poco costoso, y que no requiere grandes conocimientos técnicos para que su utilidad sea lo más adecuada posible a la hora de alcanzar una óptima transmisión de lo que se quiere mostrar.

La Geografía puede ser considerada como una de las disciplinas que más uso ha hecho de la fotografía, tanto desde el punto de vista educativo como en lo que a investigación respecta, utilizada como herramienta en análisis del Territorio, además de para mostrar resultados obtenidos en diferentes estudios. Tanta utilidad le ha sido reconocida, que encontramos una extensa bibliografía al respecto (Long y Roberson, 1979; Patrick Bailey, 1981; Giolitto, 1992; Rawding y Halliwell, 2004) en la cual los autores reflexionan y muestran las ventajas de utilizar la imagen fotográfica para realizar análisis geográficos, y su papel dentro de la Didáctica de la Geografía.

Tradicionalmente, la mayor parte del uso de las fotografías en el aula ha solido complementar análisis que no eran puramente de imágenes, es decir, la fotografía era un complemento a un texto, y su finalidad no era más que servir de apoyo al entendimiento de conceptos geográficos. Sin embargo en los últimos años, y desde la didáctica de la Geografía, se empieza a observar que la fotografía no es sólo un "expositor" de conceptos sino que puede ser utilizada para que el alumnado interprete procesos territoriales y, por tanto, desarrolle la posibilidad de ir adquiriendo un determinado aprendizaje significativo. Para ello, es necesario tener claro cúales serían los objetivos de su uso y realizar una programación del proceso de enseñanza-aprendizaje. En este caso, el profesorado se convertirían en un agente mediador entre el conocomiento y el alumnado, de manera que el alumno fuese capaz de planificar y elaborar su propio aprendizaje (Dussel y Quevedo, 2010).

Un ejemplo de la importancia adquirida por la fotografía como herramienta docente lo encontramos en la aparición de repositorios fotográficos de contenido geógrafico. La Universidad de Sevilla puso en marcha en el año 2012 Geophotopedia[30], cuyo objetivo es ofrecer imágenes selectas y de alta calidad asociadas a conceptos geográficos, donde el alumnado puede obtener las fotografías realizando búsquedas tanto por los contenidos como por la localización (Palacios Guerrero, J.L y otros, 2016). Hay que tener en cuenta, como ya apuntaba Álvarez Orellana (2006) que no todas las fotografías tienen el mismo valor para la enseñanza y el aprendizaje de la Geografía, por lo que es importante que representen elementos significativos para el estudio geográfico, que la escala sea adecuada, que sean fotografías claras con buenos encuadres de lo que se quiere representar y que aparezcan de forma clara las unidades espaciales o los planos de observación.

Ante todo ello, y a raíz de la participación en el Programa de Formación Docente de la Universidad de Sevilla durante el Curso 2016/2017, se decide utilizar la fotografía como recurso docente para llevar a cabo un Ciclo de Mejora dentro de la asignatura "Geografía Rural y Urbana". Dicho ciclo pretendía afianzar contenidos tanto conceptuales como procedimentales y actitudinales, y fomentar la capacidad del alumno para avanzar en su propio aprendizaje significativo. La elección de la asignatura no es algo aleatorio. Tanto en la Geografía Rural como en la Geografía Urbana, la fotografía se utiliza de forma generalizada para facilitar la comprensión por parte del alumnado de los elementos y valores que caracterizan dichos espacios. La fotografía histórica, pero también la reciente, es utilizada como fuente documental para estudiar el paisaje urbano, tipologías edificatorias, morfología urbana,...De forma parecida para los ámbitos rurales, la fotografía permite realizar una conexión entre el alumnado y la realidad a la hora de conceptualizar paisajes agrarios, tipos de poblamientos, usos del suelo, formas de vida,...

En definitiva, la fotografía digital es hoy día una herramienta docente dinámica, que permite acercar el Territorio al aula y al alumnado de Geografía, proporcionandoles la posibilidad de conocer la realidad de un espacio mediante la interpretación de los elementos geográficos que muestran las imágenes.

---

[30] https://www.flickr.com/groups/geophotopedia

Realización de un ciclo de mejora: la fotografía en el análisis de paisajes rurales y urbanos

El ciclo de mejora planteado se lleva a cabo mediante la realización de un concurso fotográfico. El objetivo era conseguir que los alumnos fuesen capaces de poner en práctica los conocimientos teóricos impartidos en clases anteriores. Concretamente, realizar dos fotografías en las que fuesen capaz de identificar, reflexionar e interpretar los elementos y valores que conforman dos tipologías de espacio: el rural y el urbano. Con ello, y desde el punto de vista del proceso de enseñanza-aprendizaje, se pretende que consigan adquirir las destrezas de reconocimiento práctico de los aspectos fundamentales de análisis del territorio que les sirvan, posteriormente, a la hora de elaborar o modificar distintos planes de ordenación y gestión territorial o urbana.

Precisamente, la innovación más importante introducida con éste ciclo de mejora sea que no se trata de seguir la metodología que tradicionalmente venía siendo utilizada en el aula, en la cual es el profesorado el que selecciona las imágenes que piensa que mejor pueden mostrar los contenidos conceptuales que el alumnado debe reconocer. Por primera vez, es el alumnado el que debe salir del aula, ir al Territorio, y fotografiar aquella imagen que mejor represente los elementos y valores que ponen en valor los espacios rurales y los espacios urbanos.

Para ello, el modelo metodológico seguido para llevar a cabo el proceso de enseñanza-aprendizaje ha sido el siguiente: se parte de la impartición de contenidos teóricos en clase magistral, explicando los distintos elementos que definen los espacios rurales y urbanos, así como los valores territoriales a tener en cuenta en cada ámbito.

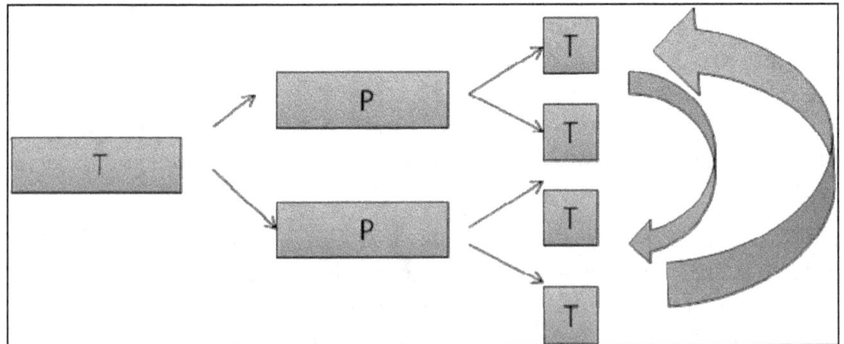

Modelo Metodológico utilizado

A partir del ello se pretende alcanzar, mediante práctica de aula, las primeras destrezas de reconocimiento visual de dichos elementos en el territorio real mediante la proyección de fotografías en clase y su correspondiente comentario por parte del alumnado, pero interactuando todo el grupo y aportando comentarios. A partir de ello, es cuando se le deja al alumnado unas semanas para la búsqueda de los espacios donde van a realizar las fotografías, con lo que se sigue fomentando la consecución de contenidos prácticos. Finalmente, mediante la exposición y defensa de las fotografías de cada alumno en clase, se realiza un esquema acerca de los elementos y valores del territorio rural y urbano, y se comparan ambos para comprobar los elementos comunes y diferenciadores, volviendo de nuevo a relacionarlo con los contenidos conceptuales.

Metodología aplicada: el concurso fotográfico como nexo de unión para conectar el trabajo de aula y la realidad

Una de las grandes dificultades que tienen todos los profesores, pero que en Geografía se hace más evidente por el propio objeto de estudio de la disciplina, es la incapacidad de relacionar, en un número importante de veces, el trabajo que se hace en el aula con la realidad del Territorio. Es imprescindible para el alumnado conectar los contenidos conceptuales, procedimentales y actitudinales impartidos en el aula, con el espacio que los rodea. Es por ello por lo que se plantea una actividad que obliga al alumno a interaccionar con los elementos de dos tipos de espacios distintos: el rural y el urbano.

El hecho de elegir como método la realización de un concurso, se fundamenta en el hecho de que parece constatado que los concursos pueden considerarse como una estrategia para la enseñanza-aprendizaje de competencias profesionales y, como tal, como una metodología activa para la formación en competencias, ya que fomentan el acercamiento del alumno a la realidad y la adaptación de sus propuestas a las tendencias actuales del mercado, potenciando, además, la implicación del alumno, el trabajo autónomo, la adquisición de destrezas y habilidades personales y la mejora de la calidad en el trabajo desarrollado (Iranzo Reig, 2011).

Y todo ello a través de un análisis del Paisaje, puesto que se entiende que el "paisaje es un hecho complejo cuya comprensión y gestión puede ser de utilidad para gobernar la complejidad del mundo actual" (Zoido, 2004).

El Convenio Europeo del Paisaje establece en su artículo 1 que el término Paisaje "designa cualquier parte del territorio, tal como es percibida por las poblaciones, cuyo carácter resulta de la acción de factores naturales y/o humanos y de sus interrelaciones". Apoyándose en esta definición los alumnos debían seleccionar una fotografía, que no sólo mostrara los elementos que caracterizan los espacios rurales y urbanos, sino que era necesario realizar un comentario reflexivo sobre los valores de los mismos. En éste caso, y desde el punto de vista metodológico, ello permite plantear en el aula, a posteriori, un debate sobre las posibles potencialidades que tendría el incorporar la óptica del Paisaje a las acciones de planificación urbanística y/o territorial.

El ciclo de mejora estuvo estructurado en una serie de sesiones de la siguiente manera:

a) En la primera sesión se le hizo entrega al alumnado de las bases del concurso, explicándoles el objetivo de dicha actividad y la secuenciación de las acciones que debían llevar a cabo. La entrega de las bases se realizó mediante la plataforma de Enseñanza Virtual que proporciona la Universidad de Sevilla (https://ev.us.es/).

Geografía Rural y Urbana 2016-17.

Concurso de Fotografía sobre los Valores de un ámbito rural y un ámbito urbano

Introducción y Objetivo

Considerando el principal objetivo de aprendizaje del curso, se trata de obtener del trabajo de campo a realizar por cada alumno una fotografía que ilustre de un modo elocuente los VALORES de un ámbito rural y de un ámbito urbano desde una PERSPECTIVA TERRITORIAL.

Temática

La foto deberá comunicar los valores más significativos y representativos del territorio en cuestión expresando a través de la imagen su importancia, identidad y criterios justificativos.

Participantes

Todos los alumnos matriculados en la asignatura de Geografía Rural y Urbana.

Autoría de las Fotografías

No se aceptarán fotos que cuya autoría original no corresponda a cada alumn@.

Plazo de Presentación

Las fotografías se entregarán como plazo máximo el lunes 8 de Mayo de 2017.

Formato de las Fotografías

Las fotografías deberán tener formato electrónico independientemente del modo en que fueron capturadas. Podrán ser en blanco y negro o en color. Se aceptarán los siguientes formatos: jpg, tif, bmp y pdf. Cada alumno generará un único archivo (pdf) con sus dos imágenes

Exposición de la Obra

Cada fotografía debe incluir un título y una breve memoria (máximo de 200 palabras) que expliquen el sentido y la utilidad de la obra para el trabajo práctico del plano de valores. El texto de dicha memoria se integrará en el archivo (pdf) junto con las fotografías. El miércoles 10 de Mayo cada alumno tendrá un minuto para explicar el porqué de elegir esa foto y qué valores quiere reseñan de cada una.

Jurado

Los alumnos restantes serán el jurado. Tendrán que evaluar de cada foto la calidad estética, la legibilidad del territorio, la capacidad de síntesis y, en definitiva, la comunicación de los valores de cada ámbito. El fallo del jurado será inapelable. Se hará una primera votación donde saldrán las tres más votadas de cada ámbito. Entre esas tres saldrá la mejor.

Premio

Las dos imágenes mejor valoradas obtendrán 0,5 puntos más que añadir a la puntuación final que obtengan en la evaluación global prevista según las pautas establecidas desde el inicio de curso en la guía docente.

Carolina del Valle Ramos

27 de Marzo de 2017.

Bases del concurso fotográfico

Dentro de Enseñanza Virtual, y en el apartado dedicado a la asignatura "Geografía Rural y Urbana" se creó por parte del docente un espacio destinado a que cada alumno/a subiera las fotografías realizadas así como la interpretación y comentario de las mismas. Por tanto se generaba un espacio de interrelación entre el alumnado que fomenta metodológicamente el trabajo colaborativo (Collazos, C y otros, 2001), de manera que las imágenes no sólo eran vistas por el docente, sino por la totalidad de los compañeros. Éstos, a su vez, estaban invitados a la posibilidad de hacer comentarios o propuestas a las fotografías de los demás.

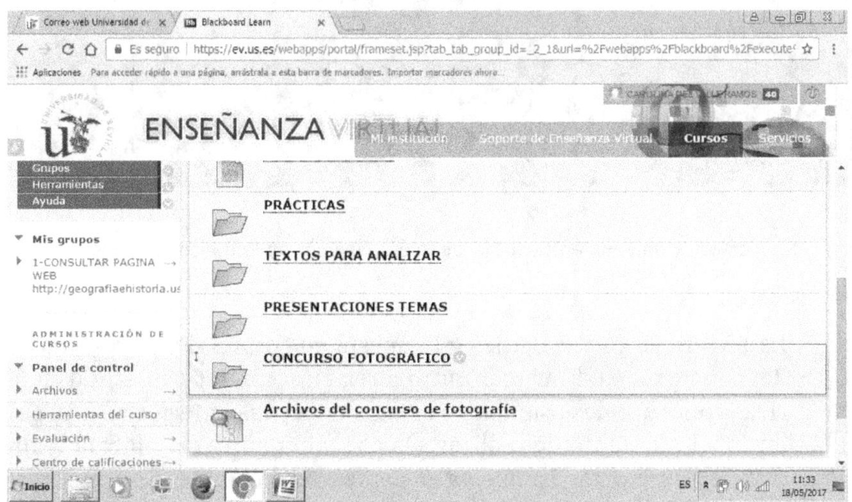

Espacio creado en la plataforma para fomentar la interrelación entre los alumnos y subida del material.

b) La segunda sesión estuvo dedicada a la presentación y defensa en el aula de las imágenes de cada alumno/a. Por turnos iban exponiendo las razones por las que habían elegido dichos espacios para realizar sus fotografías de Paisajes. No se trataba de una simple justificación del lugar, sino una interpretación razonada acerca de los elementos y valores existentes en dichos espacios que ponían de manifiesto la importancia de su preservación en el tiempo. Para ello, el alumnado tenía que haber adquirido ya los contenidos conceptuales, y desarrollado algunos procedimentales referentes a la identificación de elementos naturales y humanos en el Territorio. De igual forma con ello se fomenta de desarrollo de los contenidos actitudinales. Es muy importante en todo ello que el alumno sea consciente de su evolución en el proceso de aprendizaje, y que el mismo se vaya gestando de forma significativa. Al final de las exposiciones se realizó una votación para decidir entre todo el grupo las dos imágenes que mejor habían conseguido mostrar la esencia de lo que es un espacio rural y un espacio urbano.

Explicación y defensa en clase de las fotografías por parte de los alumnos

c) La tercera sesión se dedicó a la puesta en común de los resultados del concurso, es decir realizar una relación con los contenidos teóricos conceptuales trabajados en aula en fechas anteriores. Era, por tanto, el momento de realizar esa conexión entre el aula y la realidad del Territorio. La puesta en común de dichos aspectos permite avanzar en el proceso de aprendizaje del alumnado.

d) Finalmente, era imprescindible realizar una evaluación de la actividad, de manera que se pusiera de manifiesto la efectividad o no de realizar estos procesos de innovación docente. La evaluación por parte de los alumnos del ciclo de mejora, se realizó mediante un cuestionario pasado a los mismos. Era anónimo, con el objetivo de alcanzar la mayor objetividad posible, y fue contestado por la totalidad del alumnado.

Resultados: Avances conseguidos y dificultades encontradas

La evaluación de los resultados obtenidos sobre la realización de un ciclo de mejora basado en la utilización de la fotografía, utilizando como método el concurso fotográfico, es bastante positiva. El romper con la metodología tradicional de trabajo en el aula, que se apoyaba principalmente en la clase expositiva por parte del docente (clase magistral), y pasar a utilizar un nuevo método basado en el trabajo del alumno como parte implicada de forma activa en el propio proceso de enseñanza-aprendizaje, generó en los alumnos de la asignatura "Geografía Rural y Urbana" una ruptura en la propia actitud de los mismos a la hora de enfrentarse a los contenidos conceptuales y procedimentales de la misma. Se observó, por parte del profesorado de la misma, que a raíz de realizar dicha actividad, crece de forma importante el interés del alumnado por, en primer lugar, participar en el aula; y en segundo lugar, por los contenidos en sí.

Además, se observa un aumento del trabajo colaborativo entre los propios alumnos, demandando incluso al docente la posibilidad de cambiar de metodología para los contenidos siguientes del Temario. Dichos lazos de unión entre el alumnado fue también percibido en otras asignaturas del Grado.

Sin embargo, para tener una visión exacta de la opinión de los alumnos/as acerca del Ciclo de Mejora, se les pasó el siguiente cuestionario:

EVALUACIÓN DE LA ACTIVIDAD DEL CONCURSO FOTOGRÁFICO

Responde a las siguientes preguntas:

1. ¿Te ha resultado interesante esta actividad? ¿Por qué?

2. ¿Crees que te ha servido para afianzar el contenido teórico sobre las diferencias de los elementos del paisaje rural VS paisaje urbano?

3. Modificarías de alguna manera esta actividad para que fuese más útil en el proceso de enseñanza-aprendizaje. Realiza libremente la/las sugerencias que te parezcan oportunas incorporar o quitar para que dicha práctica tenga una mayor efectividad, con respecto al planteamiento de su objetivo.

4. Puntúa la realización de esta actividad entre un 1 (creo que no sirve para nada) a 5 (me ha resultado muy interesante su realización)

Cuestionario de evaluación de la actividad contestado por el alumnado

Los resultados fueron los siguientes:

- La mayor parte de las respuestas a la primera pregunta reflejaron que había sido una actividad que les resultó muy interesante, sobre todo por lo que respecta a su aspecto práctico, y por realizarla fuera de aula. El alumnado comentó ser la primera vez que realizaban un concurso fotográfico para asentar las bases del conocimiento conceptual.

- En la segunda pregunta, la mayor parte del alumnado contestó haber entendido la utilidad del concurso, y manifestaron que les había ayudado a entender mucho del contenido conceptual explicado por el docente en el aula. El esfuerzo realizado para elaborar el comentario explicativo de cada una de las imágenes consiguió que ellos mismos se evaluaran con respecto al nivel de aprendizaje adquirido hasta ese momento.

- A la tercera pregunta, solo contestaron 2 alumnos de los 17 participantes. Ambos apuntaron que lo que modificarían es realizar actividades así más a menudo.

- Finalmente, y con respecto a la evaluación de la actividad entre 1 y 5, 15 de los alumnos/as dieron una puntuación de 4; un alumno dio un 3; y 2 alumnos/as un valor de 5.

Las mayores dificultades encontradas por el alumnado en la realización de todo el ciclo de mejora fue, y así lo manifestaron, la exposición de las fotografías ante sus compañeros/as y la realización del comentario razonado de las mismas, en cuanto que no tienen destrezas para hablar en público y para estructurar el discurso defendido. Sin embargo, y desde el punto de vista del docente, mediante dicha metodología se consigue trabajar una de las competencias generales del Programa de la asignatura, como es el desarrollo de la exposición oral.

Desde el punto de vista formal de los trabajos realizados, ha sido destacable la calidad de contenidos que han presentado las fotografías. Me refiero al hecho de que ha llamado la atención las fotografías presentadas, pues la elección de los espacios fotografiados han recogido perfectamente los objetivos para los que se planteó el concurso, es decir, han sabido perfectamente buscar lugares que mostrasen la mayor parte de elementos y valores que caracterizan los espacios rurales y urbanos. Y no sólo eso, sino que desde el punto de vista del análisis del Paisaje, han sabido seguir la metodología propuesta por el docente de la asignatura, tomada de García- Merino (2001), realizando un análisis integral de los espacios elegidos.

Finalmente, el desarrollo de un debate en clase entre el propio alumnado, los cuales debían relacionar las similitudes y diferencias entre elementos y valores de ámbitos rurales y urbanos, concluyó con la elaboración un cuadro sinóptico, cuya utilidad radicó en servir de guión para el estudio de los contenidos al final del cuatrimestre.

Una de las mayores incertidumbres que generaba la realización de este ciclo de mejora, cuando se estaba diseñando, era saber la evaluación y la opinión que hacía el alumnado sobre la realización de este tipo de actividades, y si realmente pensaban que les había servido y, por tanto mejorado su propio proceso de aprendizaje. La encuesta pasada a los mismos puso de manifiesto que el alumno está receptivo a la realización de éste tipo de acciones innovadoras. Fue recibida con gran aceptación y la participación de los alumnos fue máxima.

Así pues, y en definitiva, creo que el ciclo de mejora ha tenido un resultado positivo en su aplicación, tanto para los alumnos, en su proceso de aprendizaje, como para mí en el desarrollo de una nueva metodología docente.

Conclusiones: ¿Consigue el uso de la fotografía, como recurso didáctico, mejorar el proceso de enseñanza-aprendizaje de los contenidos geográficos?

Hay que partir del hecho de que la innovación educativa es un fenómeno que se ha convertido en clave para todo el profesorado, pero si cabe, dicha importancia se hace más evidente en el grado universitario. Lógicamente, y entre muchas otras razones, el hecho de que se esté formando al alumnado en una serie competencias orientadas al futuro laboral más inmediato, genera cierta inquietud en el docente por encontrar los métodos más adecuados para transmitirle a los alumnos el mayor conocimiento posible. Es por ello por lo que realizar ciclos de mejora en nuestras aulas, nos ayuda a experimentar nuevos esquemas metodológicos y a utilizar recursos didácticos que pueden ser nuevos, o como en el caso de la fotografía, de una larga tradición en el uso educativo pero al que se le otorga una orientación nueva, que en definitiva genera innovación educativa.

Bastantes autores han estudiado la importancia de la utilización de las Nuevas Tecnologías en la enseñanza universitaria. El proceso conocido como "Convergencia Europea" ayudó si cabe más a ello. Dicho proceso estaba en contra de las metodologías más convencionales, y fomentaba una enseñanza basada en la resolución de problemas, o estudios de casos, en donde el uso de las TICs se hacía prácticamente imprescindible. Además, y siguiendo en ésta línea, uno de los objetivos que plantea es que el aprendizaje surja de la propia experiencia del alumno/a.

Con el ciclo de mejora se ha comprobado la gran experiencia que supone que sea el alumno el que se desplace al Territorio para ser él mismo autor de la fotografía que expresa, a su juicio, los contenidos conceptuales y procedimentales trabajados en el aula. Se le da, por tanto, un papel protagonista donde él mismo va a ser creador de su propio proceso de aprendizaje, marcando sus pautas de trabajo y analizando de forma autónoma sus logros.

Rodríguez- Hoyos (2015) apuntaba la necesidad de *"potenciar investigaciones en las que se analicen los resultados de procesos en los que se permita al alumnado no sólo leer las imágenes, sino también producir sus propias fotografías de una forma "consciente" e intencional, es decir, manejando los fundamentos básicos del lenguaje de la imagen"*. Tras la realización del ciclo de mejora se puede afirmar que la fotografía, cuando es el propio alumnado el que la capta, la analiza, reflexiona y la interpreta, es una herramienta óptima para el trabajo docente y sobre todo, para ayudar en la consecución de un aprendizaje significativo en los estudios de Geografía.

Referencias bibliográficas

Álvarez Orellana, M.F, (2006). Fotografía, geografía y formación del profesorado. Investigación en la escuela, Nº 60, 2006 (Ejemplar dedicado a: Alfabetización científica), págs. 79-92.

Canosa, E.; García, A., Sáez, E. (2007). La fotografía urbana en la Geografía española. Ería, 73-74, p. 213- 235.

Carré, Juliette; Metalié, Jean-Paul. (2008). De los paisajes de ayer a los paisajes de mañana. Metodología de un observatorio fotográfico para el análisis de las dinámicas paisajísticas: el valle de Vicdessos, Pirineos de Ariége (Francia). Cuadernos Geográficos, 2008, Vol. 43, p. 123-149.

Collazos, C; Guerreo, L y Vergara, A. (2001). Aprendizaje Colaborativo: un cambio en el rol del profesor. Página web educativa. Universidad Autónoma Metropolitana. México. http://sgpwe.izt.uam.mx/files/users/virtuami/file/Apren_colaborativo_nuevos_roles.pdf

Comellas i Farré, L., Monros i Gonzàlez, N. (2005). Anàlisis de l'evolució del paisatge a través de la fotografía. El paisatge de Viella, 1962-2002. Treballs de la Societat Catalana de Geografía, 59, p. 105-129.

Convention Européenne du Paysaje et Rapport Explicatif, 2000, Consejo de Europa, Estrasburgo, 24 págs.

Cos guerra, O. de, Reques Velasco, P. (2010). "Espacio Europeo de Educación Superior y Geografía: la importancia de la formación en competencias y la empleabilidad". Boletín de la Asociación de Geógrafos Españoles, nº 52, pp. 295-312

De la Riva, J., Ibarra, P., Montorio, R., Rodrigues, M. (Eds.) (2015). Análisis espacial y representación geográfica: innovación y aplicación: 905-914 Universidad de Zaragoza-AGE. http: // www.congreso-age.unizar.es/ eBook/trabajos/095_CañizaresRuiz.pdf

Dussel, I. y Quevedo, L. (2010). Educación y nuevas tecnologías: los desafios pedagógicos ante el mundo digital. Buenos Aires. Argentina. Santilla

García Pérez, F. (2003). La idea de los alumnos y la enseñanza del medio urbano: la relevancia educativa de las concepciones sobre la ciudad. Sevilla, Díada.

Instituto Geográfico Nacional (2002). Imagen y Paisaje. Ed. Instituto Geográfico Nacional/Centro Nacional de Información Geográfica, Ministerio de Fomento, 227 p., Madrid.

Iranzo Reig, C. (2011). Los concursos: estrategia para la enseñanza-aprendizaje de competencias profesionales. Congreso Internacional de Innovación docente. Murcia. http://repositorio.upct.es

Martín Piñol, C. (2011). "Tecnologías digitales interactivas y didáctica de las Ciencias Sociales". Iber: Didáctica de las Ciencias Sociales, Geografía e Historia, nº 68, pp. 33-39.

Marrón Gaite, Mª. J. (2001). "La difusión de innovaciones desde una perspectiva geográfica: Principales tendencias", Estudios geográficos, vol. 62, nº 245, pp. 675-704.

Marrón Gaite, Mª. J., Rosado Llamas, Mª. D. y Rueda Parras, C. (Coords.) (2008). Enseñar geografía: la cultura geográfica en la era de la globalización. Jaén, Grupo de Didáctica de la Geografía de la Asociación de Geógrafos Españoles.

Palacios Guerrero, J.L y otros. (2016). Geophotopedia: Geografía y fotografía en el contexto 2.0 ar@cne revista electrónica de recursos en internet sobre geografía y ciencias sociales Universidad de Barcelona. http://www.ub.edu/geocrit/aracne/aracne-207.pdf

Pantoja Chaves, A. (2010). La fotografía como recurso para la didáctica de la Historia. *Tejuelo: Didáctica de la Lengua y la Literatura. Educación, Nº9, 179-194.*

Quirós Linares, F (1992). Fotografía histórica y geografía histórica. Treballs de la Societat Catalana de Geografia, Vol. 7 (33-34), p. 251-259.

Rodríguez-Hoyos, C. (2015). "La fotografía en educación: una revisión de la literatura en cuatro revistas científicas españolas". Fotocinema. Revista científica de cine y fotografía, 10, pp. 407-431. http:/ /www. revistafotocinema.com/

Zoido Naranjo, F. (2004). "El paisaje patrimonio público y recurso para la mejora de la democracia", en PH Boletín del Instituto Andaluz de Patrimonio Histórico, nº 50, Sevilla, págs. 66-73.

CAPÍTULO III

RECUPERACIÓN DEL ESTRÉS DE EXAMEN A TRAVÉS DE LA AUDICIÓN DE MÚSICA

Sergio Faus Rodríguez
Universidad de Málaga, España

Antonio Matas Terrón
Universidad de Málaga, España

Pablo Daniel Franco Caballero
Universidad de Málaga, España

Juan José Leiva Olivencia
Universidad de Málaga, España

Resumen

Los exámenes, pueden experimentarse como estresantes. Es recomendable que el alumnado aprenda a gestionar sus situaciones estresantes. Una forma de hacerlo es a través de oír música, aunque no se sabe cómo ocurre esto. Se ha llevado a cabo un estudio donde se pretende analizar: 1) si escuchar música después de un examen favorece la reactancia (capacidad de volver a una situación previa) al estrés; 2) analizar si afecta escuchar música autoelegida o no. Para ello se ha desarrollado un estudio piloto, con un diseño cuasiexperimental mixto (AxB) en una muestra incidental de 86 alumnos. El procedimiento seguido ha sido el siguiente: una semana antes del examen el alumnado contestó un cuestionario sobre sus gustos musicales; el día del examen se tomaron medidas antes del examen (afecto positivo-negativo, y medidas de arousal); posterior al examen se tomaron de nuevo las medidas; a continuación la muestra se asignó a tres condiciones experimentales de forma aleatoria (condición de ruido, condición de música no autoelegida, y condición de música autoelegida) durante 5 minutos; nueva medición; 5 minutos de silencio; y finalmente una nueva medición. Los resultados en la condición de música no autoelegida, han presentado una más pronta recuperación del estrés. pruebas administradas, etc.).

Palabras claves

Estrés, Música, Terapia, Evaluación del estudiante.

Introducción

Actualmente el estrés domina gran parte del día a día. La literatura al uso ha puesto en evidencia los efectos negativos del estrés así como la necesidad de controlarlo para evitar efectos en la salud y el bienestar (Geurts & Sonnentag, 2006). Los efectos del estrés crónico van desde alteraciones del peso, pérdida del cabello, acné, pérdida del deseo sexual, alteración de la mestruación, insomnio, úlceras, hipertensión, problemas graves cardiovaculares, y deterioro cognitivo. Por tal motivo, es importante que la persona se recupere de una situación estresante en un tiempo razonable.

El modelo de Esfuerzo-Recuperación (Meijman & Mulder, 1998) es propuesto por algunos investigadores para entender cómo la falta de recuperación del estrés afecta a la salud (Radstaak, Geurts, Brosschot & Kompier, 2014). Según este modelo si no se recupera el estado de activación previo a una situación estresante, la situación excederá la capacidad del sujeto para mantener un equilibrio interno. Esta situación es también llamada "carga alostática" y está asociada con alteraciones del sistema simpático y para-simpático (Thayer, Yamamoto & Brosschot, 2010).

Uno de los reguladores de la recuperación del estrés es el estado de ánimo. Las estrategias de regulación emocional permiten dirigir la cognición hascia cuestiones alejadas del objeto estresor. Estas estrategias, también llamadas de distracción o desviación parecen ser bastante efectivas. Estudios al respecto han mostrado que involucrarse en actividades distractoras facilita la recuperación cardiovascular del estrés (Gerin, ´Davidson, Christenfeld, Goyal & Schwartz, 2006).

En este sentido, la utilización de actividades distractoras focalizadas en cuestiones distintas al objeto estresor podrían facilitar la recuperación del estrés. Además, estas actividades implicarían una mejora del estado de ánimo en general, o afecto positivo en términos de Radstaak, Geurts, Brosschot & Kompier (2014). En este sentido apuntan investigaciones clásicas como las llevada a cabo por Fredrickson, Mancuso, Branigan & Tugade (2000) donde sujetos recuperaban su nivel cardiovascular de forma distinta en función del estado de ánimo positivo que se inducía a través de películas.

Dentro de este contexto, la música suele utilizarse como mediador emocional, además de su capacidad para la evocación de recuerdos (Blais-Rochette & Miranda, 2016). De hecho, escuchar música parece una buena estrategia de dispersión (Mitchell, MacDonald & Brodie, 2006; Nilson, 2008). Según algunos investigadores (e.g. Mitchell, MacDonald & Brodie, 2006; Radstaak, Geurts, Brosschot & Kompier, 2014) sugieren que la música actúa como un distractor porque tiene el potencial de redirigir los pensamientos desde el objeto estresor, o fuente de estrés, hacía la pieza musical. Esta re-dirección del pensamiento reduciría la prevención y los pensamientos ru-miantes. De alguna forma, estos investigadores están anunciando la capa-cidad que tiene el oír música de dirigir la atención del oyente hacia uno u otro objeto.

Teniendo en cuenta que la música puede inducir estos cambios de estado de ánimo, mejorándolo en términos generales, y además es un distractor cognitivo efectivo, puede sospecharse que puede facilitar la recuperación psicofisiológica del estrés. Estudios que han tratado este tópico han obser-vado que grupos de personas que escuchaban música recuperaban antes el ritmo cardiaco y los niveles de cortisol después de una situación de estrés en comparación con grupos que permanecían sentados en silencio (Suzuki, 2003 cit. McDermott, Crellin, Ridder & Orrell, 2013; Labbé, Schmidt, Babin & Pharr, 2007; Lai & Li, 2011).

Respecto al estado de ánimo y emociones algunas investigaciones ponen de manifiesto que la música está más relacionada con la emociones que sólo con el estado de ánimo (Beedie, Terry y Lane, 2005). La literatura al uso suele coincidir en cinco aspectos (Juslin, 2016):

    1. La música puede inducir una amplia gama de emociones.

    2. La música induce sobre todo emociones positivas.

    3. La música puede inducir emociones básicas y complejas.

    4. La mayoría de los estudios sobre música y emociones incluyen calma, felicidad, nostalgia, interés, placer, tristeza, energía, amor y orgullo.

    5. La música puede causar una mezcla de emociones, aunque este fenómeno parece minoritario.

Sin embargo, un estudio reciente pone en entredicho de que la música, por sí sola, genera un cambio de emociones significativo sin tener en cuenta su interacción con factores contextuales (Caballero, Castillo & Leiva, 2017).

Por otro lado, hay que tener en cuenta el tipo de música que se escucha. Los efectos de los distintos estilos musicales han sido estudiados en diferentes ámbitos: conducción de vehículos, markenting y publicidad. En este sen-tido, recuperamos algunas de las conclusiones que recogíamos en otro es-pacio.

Al respecto, destaca por tanto que no es tanto el estilo como algunos de los componentes de la música. En este sentido se recoge a continuación lo es-crito por Forés, Gamo, Guillén, Hernández, Ligioiz, Pardo & Trinidad (2015, p. 67) que a su vez hacen referencia a otros investigadores:

Sin embargo, las neuroimágenes demuestran que no solo hay diferencias en la activación de áreas primarias entre las redes neuronales de percepción rítmica y melódica, sino que los diferentes componentes de la percepción rítmica -como el tempo o el metro- activan distintas redes, que incluyen algunas asociadas con el hemisferio izquierdo (Thaut, 2009). Incluso el surgimiento de emociones como consecuencia de la música activa regiones del hemisferio izquierdo asociadas con el lenguaje (Hsieh et al., 2012). Y es que la forma como responde el cerebro humano cuando escucha música difiere mucho de cuando la crea.

No obstante, algunos estudios afirman que oír música clásica tiene efectos fisiológicos como bajar la tensión arterial, mientras que oír otros tipos de música no tiene dichos efectos (Chafin, Roy, Gerin, Christenfeld, 2004).

Por otro lado, el modelo circumplejo del afecto (Posner, Russell & Peterson, 2005) propone que el estado afectivo cambia por dos factores: valencia (positiva o negativa) y arousal (alto o bajo). La música induciría emociones que se proyectaría sobre estos dos factores. Así, algunos investigadores han argumentado que el escuchar música podría estar siendo usada por los individuos para moderar sus niveles de arousal con relación a una actividad previa (Konecni, 1982, cit. Radstaak, Geurts, Brosschot & Kompier, 2014). Así, personas con bajo arousal preferirían oír música rápida y personas con alto arousal preferirían oír música lenta. Esto implicaría que el sujeto realiza una búsqueda de estímulos para recuperar el estado previo a la situación de estré, lo que implica un fenómeno de reactancia cognitiva. Si esta búsqueda fuese activa, consciente y prolongada en el tiempo tal vez debería hablarse de un proceso de resiliencia o afrontamiento. Sin embargo, estudios sobre procesos de duelo han registrado comportamientos de consumo musical que matizarían esta afirmación (Saarikallio, 2008). Así, personas en duelo suelen escuchar música triste, lo que implica que no se alcanzaría la restauración del equilibrio previo, sino la persistencia en el estado emocional del presente.

Por su parte, en la época postmoderna en la que vivimos donde se promueve un consumismo de la música en distintos formatos y espacios virtuales que suponen interacción social y desarrollo de la identidad digital, hay ya plataformas tecnológicas proveedoras de productos musicales que están comenzando a vincular estados de ánimo con determinados géneros y estilos. La propia identificación que progresivamente y de manera flexible pueden realizar los usuarios supone, de facto, una panorámica asociativa entre determinados estilos musicales y estados de ánimo. Y es que no podemos negar "la catalogación por géneros, característica de la industria musical broadcasting, se ve equiparada a otras clasificaciones que responden a distintas etapas de la mediatización musical" (Jáuregui, 2015, p.80). Esto implica una reconceptualización del consumo musical, que a la vez puede tener vínculos con el marketing de determinados productos asociados a estados de ánimo, con pistas indudables y nítidas que puede suponer la constatación de la escucha de determinadas canciones y temas musicales, y, por ende, que las marcas comerciales estén muy interesadas en qué estilo de música escuchan las personas, atendiendo a rangos de edad, playlists creadas, seguidores y qué artísticas siguen, entre otros factores distintivos.

En el ámbito educativo un elemento básico es la evaluación. La evaluación, en sí misma y al margen del instrumento que se utilice, es una fuente de estrés para el alumnado (Berrio & Mazo, 2012). Por tanto, en la medida que la música puede ser un factor, bien por sí mismo o bien en interacción con otros factores, para la reducción del estrés, sería necesario investigar si escuchar música después de realizar una evaluación académica ayuda a gestionar los niveles de estrés.

Ni que decir tiene que debemos atender también a la visión cultural o etno-cultural de la música (Leiva, 2005) y es que, es indudable que el ser humano se comunica a través de la música, y además lo hace de manera natural, ya que es esencialmente un lenguaje inmaterial y abstracto, pero lleno de significados que no necesitan una codificación única o invariable, sino más bien al contrario, interpretaciones diferentes y plurales, distintas para cada uno de nosotros. Por ello, la música como lenguaje estético y artístico, único por su naturaleza, nos hace a todos iguales en la condición, pero diferentes en la interpretación. Es decir, somos iguales en el sentido de que todo oímos la misma música, cantamos la misma canción o bailamos una misma danza, pero a la vez, sentimos e interpretamos de distinta forma cada música, canción o danza. En efecto, se trata de una *comunicación estética* de carácter multidireccional, ya que no sólo nos comunicamos y expresamos con los demás, sino que también lo hacemos con nosotros mismos y con el mundo que nos rodea. Esto supone reconocer la dimensión cultural en la influencia musical desde el punto de vista de las emociones, y es que el impacto neuropsicológico de determinadas músicas se vehicula tanto a través de determinados aspectos comunes básicos en todas ellas, como en la singularidad de matices y pinceladas de corte estilístico en la comprensión del fenómeno musical.

Objetivos Generales

Tal como se ha apuntado anteriormente, sería necesario investigar el impacto de la audición de piezas musicales tras realizar una tarea académica estresante. Si realmente la audición de piezas musicales favorece el fenómeno de reactancia en general, sería de esperar que oír música después de un examen (como paradigma de actividad académica exigente) el oír una pieza musical facilitase la recuperación del estrés generado.

De forma específica, esta investigación se ha planteado el siguiente objetivo general:

> Analizar los cambios en los niveles de activación (arousal) como indicador de estrés, en un grupo de alumnado de magisterio de la Facultad de Ciencias de la Educación, al escuchar una pieza musical después de haber realizado el examen de la asignatura de Música consistente en la interpretación de una pieza musical en un instrumento de su interés.

Como objetivo secundario, y puesto que en la literatura se hace referencia al efecto mediador que puede tener el elegir o no la música que se oye, se ha planteado el siguiente objetivo:

> Analizar si el impacto de oír música en la condiciones apuntadas en el objetivo general, presenta diferencias significativas en función de si la pieza musical había sido elegida o no por el oyente (alumno).

Estos objetivos generan los siguientes problemas de investigación que, en esta ocasión, se presentan junto con sus hipótesis de investigación:

1. ¿Se produce una disminución significativa de los niveles de activación en un grupo de alumnado de magisterio de la Facultad de Ciencias de la Educación, al escuchar una pieza musical después de haber realizado el examen de la asignatura de Música?.

2. Si existe esa disminución, ¿presenta diferencias significativas en función de si la pieza musical ha sido elegida o no por el alumnado?.

Las hipótesis propuestas son afirmativas para ambas cuestiones:

- Se produce una disminución significativa de los niveles de activación en un grupo de alumnado de magisterio de la Facultad de Ciencias de la Educación, al escuchar una pieza musical después de haber realizado el examen de la asignatura de Música.

- Si existen diferencias significativas en función de si la pieza musical ha sido elegida o no por el alumnado.

Método

El estudio se realizó a partir de una población de 135 estudiantes de la especialidad de Educación Infantil de primer curso de la Universidad de Málaga. El total de estudiantes que finalmente conformó la muestra fue de 86.

El porcentaje de mujeres era del 77,78% frente a un 22,22% de hombres. La edad media era de 20,56 años con una desviación típica de 3,21. Una variable de interés era los años de estudio musical que tenían en la población. Esta variable fue de interés para evitar la presencia de estudiantes avanzados de conservatorio, que presentan un sesgo a la hora de procesar la música.

El 37,78% no tenía ningún conocimiento musical frente a un 25,17% que tenía cuatro o más años de formación musical reglada. El resto tenía conocimientos básicos, estudios de música del colegio, o bien formación inicial en el conservatorio. Sólo se contó con este último grupo de estudiantes junto con los de ninguna formación, en total con el 74,83% de la población. Posteriormente se produjo una mortandad experimental en el registro de los datos por deserción del examen. De esta forma, el número final de estudiante participantes fue de 86, con las características de edad y género apuntadas anteriormente.

Para medir el arousal se recurrió a una medida subjetiva. Para ello se utilizó una versión del test de auto diagnóstico Manikin o Self Assessment Manikin Test (SAM). SAM es una escala de evaluación de la emoción que utiliza escalas gráficas. En ella se representan personajes de dibujos animados que expresan tres elementos emocionales: placer, emoción y maestría. SAM se basa en el modelo de emoción PAD de Mehrabian (1980). Esta escala permite los estudios comparativos internacionales al ser pictórica y no verbal. La escala utilizada se presenta en la figura 1. En dicha ilustración se puede observar la representación del arousal como una situación que afecta principalmente a aspectos fisiológicos de presión, lo que es coherente con la introducción realizada en este documento.

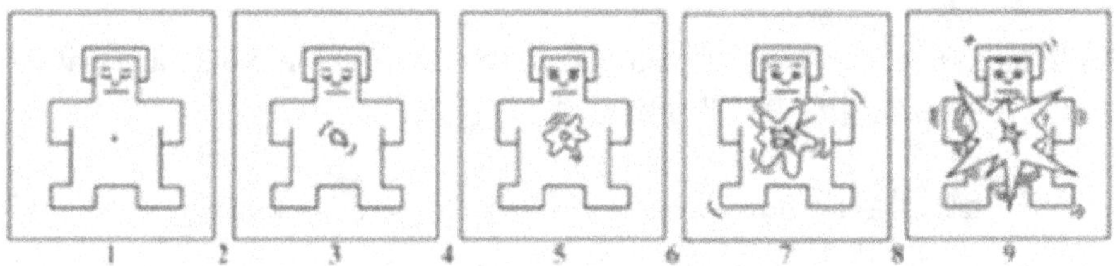

Figura 1: Escala Maniken adaptada al estudio

El procedimiento seguido para el estudio se puede resumir de la siguiente forma: una semana antes del examen el alumnado contestó un cuestionario sobre sus gustos musicales; el día del examen se tomaron medidas antes del examen (medida subjetiva del arousal) a la que se ha llamado medida O1; posterior al examen se tomaron de nuevo las medidas, que ha sido indicada como O2; a continuación la muestra se asignó aleatoriamente a una de las tres condiciones experimentales con una duración de cinco minutos; nueva medición indicada como O3; cinco minutos de silencio; y finalmente una nueva medición indicada como O4.

Las condiciones experimentales fueron tres:

1. Condición experimental donde los participantes escuchaban música que les gustaba. Esta información se obtuvo en el cuestionario inicial de la semana previa.

2. Condición experimental donde los participantes escuchaban una música aleatoria que no habían indicado como de su apetencia en el cuestionario previo. Esta condición se señala como E2.

3. Grupo control. Para ello se ha utilizado un ruido de fondo blanco. Se ha señalado como GC.

Tal como puede entenderse del procedimiento anterior, la investigación realizado se corresponde con un estudio piloto, donde se ha llevado a cabo un diseño cuasiexperimental mixto (AxB) con medidas parcialmente repetidas (en B) sobre una muestra incidental de 86 estudiantes.

Para resolver las hipótesis de investigación se aplicaron distintos análisis estadísticos. Además de los descriptivos básicos habituales, se llevaron a cabo contrastes de hipótesis entre los resultados previos y posteriores al examen y a la intervención experimental. Para todo ello se recurrió al análisis de varianza de medidas parcialmente repetidas o diseño de análisis split-plot. En los análisis se utilizó el programa SPSS versión 22.

Resultados

En la tabla 1 se muestran los estadísticos del nivel subjetivo de arousal en los distintos registros del estudio.

Tabla 1. Estadísticos descriptivos de la variable dependiente (arousal)

	Total		Cond. Experimental: E1		Cond. Experimental: E2		Grupo control: GC	
	Media	D.T.	Media	D.T	Media	D.T	Media	D.T.
Pretest - O1	5,14	1,66	5,37	1,14	5,33	1,90	4,72	1,57
O2	4,84	2,17	6,11	1,98	4,30	1,89	4,21	2,17
O3	2,95	1,68	2,93	1,49	2,40	1,30	3,55	2,01
O4	2,10	1,25	2,37	1,41	1,77	1,04	2,21	1,26
N		86		27		30		29

En la tabla 1 se pueden observar los registros medios (y sus desviaciones tíipicas) en las distintas condiciones experimentales: participantes que escuchaban música elegida previamente (E1), quienes escuchaban música que no habían elegido (E2) y el grupo de ruido (GC). Debe recordarse que las fases del estudio incluían una medición antes del examen, otra inmediantamente después (O2), un registro después de la intervención experimental (O3) y por último un registro después de estar cinco minutos en silencio (O4). Los cambios registrados se pueden apreciar claramente en la figura 2.

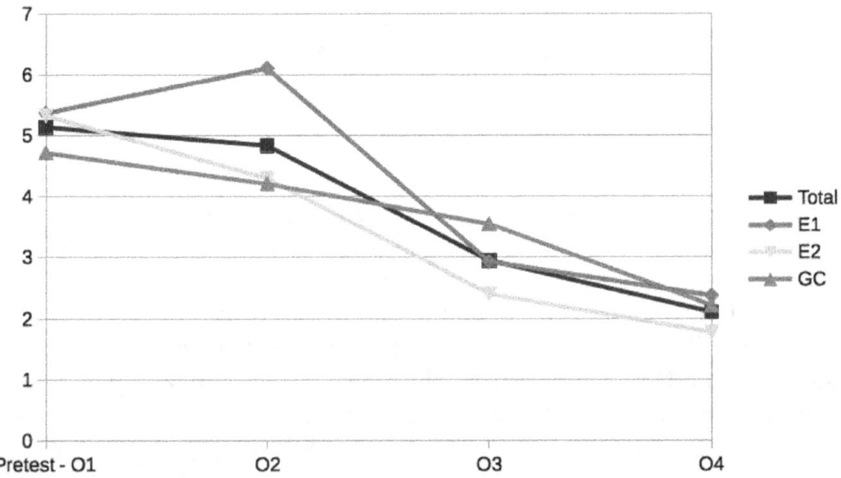

Figura 2. Evolución de los niveles subjetivos de arousal (Pretest O1 – O4). Prestest-O1: registro previo al examen; O2: registro tras el examen; O3: registro tras la condición experimental; O4: registro tras silencio.

Se procedió a desarrollar el análisis de varianza para dos factores A y B, con medidas repetidas en B o diseño split-plot. La prueba de esfericidad de Mauchely indica que la matriz de varianza-covarianzas de las medidas repetidas (registros O1 – O4) no es esférica (W= ,705; g.l.= 5; p< .0001). Por su parte, el estadístico M de Box y su transformación F, que contrasta la hipótesis de igualdad entre las matrices de varianzas-covarianzas correspondientes a cada nivel del factor grupo (E1, E2 y GC) sugieren que las matrices son distintas (M= 43,139; g.l.1=20; g.l.2=24330,12; p=,005). Por tanto, el supuesto de igualdad de varianza y el de esfericidad quedan comprometidos. Esto obligará a extraer conclusiones a partir de los estadísticos F con grados de libertad modificado (e.g.: Greenhouse-Geisser, Huynh-Feldt y Límite inferior).

Respecto a la prueba F de Levene sobre la igualdad de varianzas error del factor intrasujeto, los resultados muestran que no se puede rechazar la hipotesis de que las varianzas sean distintas. Por tanto, se asume igualdad de varianzas error de la variable dependiente entre grupos del factor intrasujeto (tabla 2).

Tabla 2. Prueba de igualdad de Levene de varianza error factor intrasujeto

	F	df1	df2	Sig.
O1	1,558	2	83	,217
O2	,840	2	83	,435
O3	1,480	2	83	,234
O4	1,381	2	83	,257

En la tabla 3 se presentan los efectos principales del factor intrasujeto (registros O1 a O4) y la interacción con la condición experimental (factor intersujeto). Puesto que a significación es inferior a alpha 0,005 se rechaza la hipótesis de igualdad entre momentos del registro. Por tanto, se asumen que existen diferencias significativas entre los registros intrasujeto (los registros de O1 a O4). La misma conclusión se observa en la tabla 4 con los estadísticos F con grados de libertad modificados.

Tabla 3. Contrastes multivariados (efectos intrasujeto)

Efecto		Valor	F	Gl de hipótesis	gl de error	Sig.
Intrasujeto	Traza de Pillai	0,81	115,091b 3		81	0,000
	Lambda de Wilks	0,19	115,091b 3		81	0,000
	Traza de Hotelling	4,263	115,091b 3		81	0,000
	Raíz mayor de Roy	4,263	115,091b 3		81	0,000
Intrasujeto Entresujeto	*Traza de Pillai	0,315	5,112	6	164	0,000
	Lambda de Wilks	0,704	5,179b	6	162	0,000
	Traza de Hotelling	0,393	5,243	6	160	0,000
	Raíz mayor de Roy	0,304	8,302c	3	82	0,000

Tabla 4. Contrastes univariados (efectos intrasujeto)

Origen		Tipo III de suma de cuadrados	gl	Media cuadrática	F	Sig.
Intrasujeto	Esfericidad asumida	557,709	3	185,903	110,028	0,000
	Greenhouse-Geisser	557,709	2,559	217,939	110,028	0,000
	Huynh-Feldt	557,709	2,711	205,721	110,028	0,000
	Límite inferior	557,709	1	557,709	110,028	0,000
Intrasujeto * Entresujeto	Esfericidad asumida	63,986	6	10,664	6,312	0,000
	Greenhouse-Geisser	63,986	5,118	12,502	6,312	0,000
	Huynh-Feldt	63,986	5,422	11,801	6,312	0,000
	Límite inferior	63,986	2	31,993	6,312	0,003
Error (Intrasujeto)	Esfericidad asumida	420,709	249	1,69		
	Greenhouse-Geisser	420,709	212,398	1,981		
	Huynh-Feldt	420,709	225,013	1,87		
	Límite inferior	420,709	83	5,069		

Con relación a los efectos intersujeto (condiciones experimentales E1, E2, GC) el nivel crítico asociado al estadístico no permite rechazar la hipótesis nula de igualdad de varianzas (F=2,754; g.l.=2; sig.=0,07) a un alpha de 0,05. Esto indica que tras promediar las medias del factor intrasujeto (registros O1 a O4) no se puede decir que las medias de los grupos E1, E2 y GC sean distintas. No obstante, esta cuestión debe ser matizada con el efecto de interacción.

En la tabla 5 se muestra la comparación por pares de los registros del factor intrasujeto con la corrección de Bonferroni aplicada.

Tabla 5. Comparaciones por pares (niveles intrasujeto)

(I) tiempo	(J) tiempo	(I-J)	Error estándar	Sig.b	95% I.C.	
					L.I.	L.S.
1	2	0,27	0,236	1,000	-0,367	0,907
	3	2,183*	0,212	0,000	1,61	2,757
	4	3,028*	0,194	0,000	2,503	3,553
2	1	-0,27	0,236	1,000	-0,907	0,367
	3	1,913*	0,206	0,000	1,356	2,471
	4	2,758*	0,194	0,000	2,233	3,283
3	1	-2,183*	0,212	0,000	-2,757	-1,61
	2	-1,913*	0,206	0,000	-2,471	-1,356
	4	,845*	0,133	0,000	0,485	1,204
4	1	-3,028*	0,194	0,000	-3,553	-2,503
	2	-2,758*	0,194	0,000	-3,283	-2,233
	3	-,845*	0,133	0,000	-1,204	-0,485

Las comparaciones por pareja (tabla 5)muestran que los niveles de arousal van disminuyendo entre registros. Solamente los registros O1 y O2 pueden considerarse iguales o similares.

Para identificar los registros que son distintos entre sí se ha procedido a comparar los efectos entre sí. En la tabla se presentan estas comparaciones. De la tabla 6original del SPSS se ha eliminado la información relativa a los efectos principales y se ha dejado solamente la relativa a los efectos de interacción.

Tabla 6. Contrastes intrasujeto. Comparaciones efectos simples

Origen	Intersujeto	Suma de cuadrados	g.l.	F	Sig.
Intersujeto * Intrasujeto	O1 - O2	46,764	2	4,906	0,010
	O2 - O3	89,511	2	12,247	0,000
	O3 - O4	10,85	2	3,568	0,033

Los resultados de las comparaciones intrasujeto de los efectos simples indican que el efecto simple de las condiciones experimentales o factor intersujeto (E1, E2 y GC) en el momento O1 difiere del mismo efecto (efecto simple de las condiciones experimentales) en O2, y lo mismo sucede para el efecto en los momentos O3 con relación a O2 y O4 con relación a O3.

Conclusiones

Revisando los resultados se observa, a partir de la gráfica de medias de los distintos momentos de registro, que los participantes presentaban un nivel de arousal menor al nivel medio registrado después del examen.

Este resultado coincide con estudios previos (e.g. Radstaak, Geurts, Brosschot & Kompier, 2014) donde se registran incrementos de arousal después de la actividad estresante, en comparación con los niveles previos a la realización de dicha actividad. Esta situación puede derivarse de dos escenarios principales:

- El primero de ellos aquel donde el sujeto experimenta un aumento del arousal al terminar la actividad. Esta situación podría ser resultados de una respuesta automática del sistema nervioso central ante la situación estresante y es coherente con situaciones donde la persona, tras una situación de alta exigencia emocional, sufre síntomas de ansiedad. Para comprobar dicha hipótesis deberían realizarse estudios específicos de carácter fisiológico.

- El segundo de ellos sería aquel donde la persona experimenta un aumento de la activación durante la realización de la tarea, y por tanto el registro posterior no sería el mayor nivel experimentado por el sujeto sino un valor que ya está en descenso. Es decir, en este caso se asumiría que los momentos de mayor tensión se dan durante el examen, y que el registro posterior estaría procedería ya de la fase de recuperación. La comprobación de esta hipótesis necesita de estudios basados en entrevistas donde la persona valore sus niveles de tensión durante la actividad así como en los momentos posteriores. Sólo en los casos donde las tareas no impliquen movimiento motórico ninguno, podría utilizarse recursos electroencefalográficos o similares. Otras formas de recoger datos, como los basados en los niveles de cortisol en saliva o la medición de la tensión arterial o ritmo cardíaco sólo podría utilizarse cuando la tarea no se viese afectada por la interrupción que supondría recoger dicha información.

A partir del segundo registro, se observa un descenso progresivo del arousal medio en todos los grupos. Esta situación queda corroborada estadísticamente al analizar el efecto del factor intrasujeto. Por tanto, existe un apoyo estadístico suficiente como para afirmar que los distintos momentos de registro del arousal presenta diferencias estadísticamente significativas. Dicho de otra forma, a medida que pasa el tiempo, los alumnos tienden a bajar sus niveles de activación o arousal, y esto sucede independientemente del grupo experimental asignado.

Sin embargo, el análisis sobre el factor intersujeto, es decir, sobre la pertenencia a un grupo u otro experimental o control, no presenta diferencias significativas. En este caso no es posible afirmar que el grupo que escuchó música elegida por ellos, difiera del grupo que escucho música aleatoria o del que escuchó ruido. Esto, que podría interpretarse como un argumento en contra de las hipótesis de esta investigación, debe interpretarse no de forma aislada, sino atendiendo a los efectos de interacción.

En ese caso, sí ha quedado constancia en los resultados que existe un efecto del grupo y del momento a la vez. Es decir, aunque el pertenecer a un grupo u otro de forma aislada no parece importar, si es importante cuando se analiza en el contexto de los momentos de registro del factor intrasujeto. Es entonces cuando los resultados muestran interacción entre ambos factores. Este resultado apunta a la siguientes conclusiones complementarias entre sí:

- El hecho de pertenecer a un grupo experimental u otro afecta diferencialmente en cada momento de registro de datos. De tal forma, que los resultados obtenidos en O1, O2, O3 y O4 están afectados por el grupo experimental al que pertenece el estudiante.

- Que los niveles de arousal van disminuyendo a partir del registro O2 pero que esta disminución depende de grupo experimental al que se pertenece.

Esta interpretación ofrece argumentos suficientes como para considerar que las hipótesis propuestas al inicio de esta investigación son plausibles y se pueden tener en cuenta.

No obstante, este estudio debe tomarse con precaución y sólo con carácter orientativo. Esto es así debido principalmente a las siguientes cuestiones:

- Los datos proceden de una muestra incidental relativamente pequeña. Para poder superar esta limitación debería recurrirse a muestras algo mayores y también que fuesen más representativas del ámbito universitario, integrado estudiantes de otras universidades y de otros grados.

- Los supuestos de esfericidad e igualdad de varianzas están comprometidos, en parte puede ser por el tipo de muestra. Por tal motivo, estudios posteriores deberían garantizar la homogeneidad de las matrices de varianza y covarianza, lo que redundará en una mayor potencia de sus resultados.

- Sólo se ha estudiado una variable (nivel de activación o arousal) desde un punto de vista subjetivo (a través de una versión de la escala Maniken). Estudios posteriores deberían ser más ambiciosos e implicar más variables, tanto psicológicas (e.g. tensión subjetiva, humor, estado de ánimo, emociones, etc.) como fisiológicas (tensión arterial, ritmo cardiaco, onda electroencefalográfica alfa, nivel de cortisol en saliva, etc.) que la literatura consultada ha vinculado con la recuperación del estrés y la música. Igualmente, debería recurrirse a más instrumentos para medir dichas variables y no limitarse a uno sólo.

Para concluir, cabría destacar que del presente estudio se desprende la idea de la música como factor de resiliencia y empoderamiento cognitivo-emocional, al favorecer la estabilización y/o reducción de niveles de estrés cognitivo-conductual y emocional.

El poder de la música como agente nivelador y de modulación de las ideas y emociones en los estudiantes universitarios abre una nueva vía para la profundización de estrategias psico-didácticas y de aprendizaje para el afrontamiento positivo ante tareas y situaciones estresantes como pruebas y exámenes diversos en el entorno formativo universitario. De la misma forma, supone un incentivo para seguir estudiando el uso terapéutico y psicoeducativo para la gestión emocional para otras actividades afines como: la preparación de exámenes, la recuperación de la motivación hacia el estudio a través de una agenda ordenada de estrategias de orientación y aprendizaje incluyendo sesiones de musicoterapia, e incluso, el uso didáctico de la música como estrategia de *broken routines* o de *hiper-concentración* en las tareas académicas.

Saber que ciertos tipos de música pueden aliviar el estrés es una cosa; ser cuidadoso en elegir qué tipo de música escuchar es otra. Con este estudio estamos albergando una idea clave: debemos seleccionar música tan cuidadosamente como se elige la alimentación que tomamos o las amistades con las que nos relacionamos. Especialmente cuando nos referimos a activar o desactivar elementos de gestión inteligente y consciente afrontando el estrés u otras tareas académicas donde la música va a pasar a ser una herramienta más en los servicios universitarios de atención psicológica, o en los procesos de orientación y tutoría para la preparación adecuada de exámenes en la enseñanza superior.

Referencias bibliográficas

Beedie, C., Terry, P., & Lane, A. (2005). Distinctions between emotion and mood. Cognition & Emotion, 19(6), 847-878.

Berrio, N., & Mazo, R. (2012). Estrés Académico. Revista de Psicología Universidad de Antioquia, 3(2), 55-82.

Blais-Rochette, C., & Miranda, D. (2016). Music-evoked autobiographical memories, emotion regulation, time perspective, and mental health. Musicae Scientiae 20(1), 26-52.

Caballero, P., Castillo Carrión, S. & Leiva, J. (2016). Música de fondo y emociones: un recurso educativo. EDMETIC, Revista de Educación Mediática y TIC, 5(2), 382-397.

Chafin, S., Roy, M., Gerin, W. & Christenfeld, N. (2004). Music can facilitate blood pressure recovery from stress. *British Journal of Health Psychology, 9*(3), 393-403.

Forés, A., Gamo, J.R., Guillén, J.C., Hernández, T., Ligioiz, M., Pardo, F., y Trinidad C. (2015). Neuromitos en Educación. El aprendizaje desde la neurociencia. Barcelona: Plataforma.

Fredrickson, B.L., Mancuso, R.A., Branigan, C., & Tugade, M.M. (2000). The Undoing Effect of Positive Emotions. *Motivation and Emotion, 24*(4), 237-258.

Gerin, W., Davidson, K.W., Chistenfeld, N.J.S., Goyal, T. & Schawartz, J.E. (2006). The role of angry rumination and disctraction in blood pressure recovery from emotional arousal. *Psychosomatic Medicine, 68*(1), 64-72.

Jáuregui, J. (2016). Streaming musical en Spotify: ubicuidad entre géneros y estados de ánimo. *Inmediaciones de la Comunicación, 10*(10), 76-90.

Juslin, P. N. (2016). Emotional Reactions to Music. En S. Hallam, I. Cross, y M.Thaut (Edts.), The Oxford Handbookd of Music Psychology (pp.197-213). (2a Edición). Oxford: Oxford University Press.

Khalfa, S., Bella, S.D., Roy, M., Peretz, I. & Lupien, S.J. (2003). Effects of relaxing music on salivary cortisol level after psychological stress. *Annals of New York Academy of Science, 999*, 374-376.

Konecni, V.J. (1982). Social interaction and musical preferences. En D. Deutsch (Ed.), *The Psychology of Music*. New York: Academic Press.

Labbé, E., Schmidt, N., Babin, J. & Pharr, M. (2007). Coping with stress: the effectiveness of different types of music. *Applied Psychophysiology and Biofeedback, 32*(3-4), 163-168.

Lai, HL. & Li, YM. (2011). The effect of music on biochemical markers and self-perceived stress among first-line nurses: a randomized controlled crossover trial. *Journal of Advanced Nursing, 67*(11), 2414-2424.

Leiva, J. (2005). Una visión intercultural de la música. Filomúsica, 70. Recuperado de http://www.filomusica.com/filo70/intercultural.html

McDermott, O., Crellin, N., Ridder, H. M., & Orrell, M. (2013). Music therapy in dementia: a narrative synthesis systematic review. International Journal of Geriatric Psychiatry, 28(8), 781-794

Mehrabian, A. (1980). Basic dimensions for a general psychological theory: Implications for personality, social, environmental, and developmental studies. Cambridge: Oelgeschlager, Gunn & Hain.

Meijman, T.F. & Mulder, G. (1998). Psychological aspects of workload. En P.J. Drenth, H. Thierry, y D.J. De Wolff (Edts.). Handbook of work and organizational Psychology. Hover: Psychology Press Ltd.

Mitchell, L.A., MacDonald, R.A.R. & Brodie, E.E. (2006). A comparison of the effects of preferred music, arithmetic and humour on cold pressor pain. *European Journal of Pain, 10*(4), 343-351.

Nillson, U. (2008). The anxiety- and pain-reducing effects of music interventions: a systematic review. *AORN Journal, 87*(4), 780-807.

Parkinson, B & Totterdell, P. (1999). Classifying affect-regulation strategies. *Cognition and Emotion, 13*(3), 277-303.

Posner J., Russell J., & Peterson B. (2005). The circumplex model of affect: An integrative approach to affective neuroscience, cognitive development, and psychopathology. Development and Psychopathology, 17, 715–734.

Saarikallio, S. (2008). Music in mood regulation: Initial scale development. Musicae Scientiae, 12(2), 291–309.

Thayer, J.F., Yamamoto, S.S. & Brosschot, J.F. (2010). The relationship of autonomic imbalance, heart rate variability and cardiovascular disease risk factor. *International Journal of Cardiology, 141,* 122-131.

CAPÍTULO IV

PROGRAMA EDUCATIVO Y FORMATIVO A TRAVÉS DEL MOVIMIENTO ORGÁNICO CREATIVO

Alberto Pineda Mier

Compañía de Danza Alberto Pineda, España

Resumen

La experiencia adquirida como bailarín durante 22 años me ha hecho reflexionar en relación al comportamiento corporal y a la comunicación a través del lenguaje no verbal.

Con esta motivación surgió MOC: *Programa Educativo y Formativo a Través del Movimiento Orgánico Creativo*. Se centra en el referente metodológico vivencial y ha sido diseñado en base a tres ejes, el emocional, el social y el creativo para llegar a una experimentación consciente, libre y compartida del movimiento.

En el alumnado se pusieron de manifiesto los papeles asumidos en sus relaciones, tanto individuales como de grupo. En el profesorado supuso el descubrimiento de la capacidad de dotar de significado su discurso mediante su comunicación no verbal. También se puso de manifiesto la importancia de la conexión cuerpo-mente y del movimiento como un universo por explorar y desde el que generar emociones.

Facilitar la comunicación es posible mediante el conocimiento del propio cuerpo, con el que descubrir y experimentar el movimiento como vehículo de formación, expresión y comunicación para potenciar las facultades globales del alumno.

Es probable que exista una necesidad de otorgar importancia a la educación mediante el lenguaje del cuerpo, como puente sobre el que enlazar la curiosidad al contenido.

Palabras claves

Educación socio-emocional, movimiento, creatividad, expresión y comunicación.

Introducción

El programa MOC es una agrupación de actividades destinadas a la comunidad educativa en el que la práctica del movimiento orgánico se constituye como un medio en el que desarrollar la experimentación y toma de conciencia corporal con el fin de facilitar la comunicación y la creatividad.

La expresión corporal es la forma más antigua de comunicación entre los seres humanos, anterior al lenguaje escrito y hablado. Es el medio para expresar sensaciones, sentimientos, emociones y pensamientos. De esta forma, el cuerpo se convierte en un instrumento irreemplazable de expresión humana que permite ponerse en contacto con el medio.

El movimiento unifica las partes del cuerpo, parte de él y es el principio y fin de nuestras vivencias emocionales.

En el contexto educativo, paradójicamente, a pesar de que tan solo el 7% de la comunicación es verbal, como afirman los autores Rafael López Pérez, Alicia Martos Garrido y Ana Sutil Gutiérrez de la Fundación Universitaria Behavior & Lawno, no se ha estudiado en profundidad, la conexión cuerpo-mente-discurso con el objeto de fomentar y captar la atención y motivación del alumno. Ante esta necesidad educativa, ¿cómo se podría generar una habilidad socio-emocional, que consistiera en activar la disponibilidad del docente hacia el fomento de la empatía y de la curiosidad en los alumnos?

El movimiento orgánico, es sinónimo de movimiento natural, ambos términos los utilizamos indistintamente. Podíamos describirlo como el movimiento fluido, armónico, libre y equilibrado. El movimiento propio de un cuerpo sano, libre de tensiones e inhibiciones. La manifestación de un cuerpo flexible, sensible y expresivo que actúa ajustándose a las leyes naturales (Benito Vallejo 2001).

El cuerpo en un organismo, pero un organismo que se percibe a sí mismo, lo cual añade una nueva dimensión que es la dimensión psicológica de la consciencia. El cuerpo es el primer medio de percepción y de expresión del niño, su primer medio de comunicación con otro ser humano (Lapierre 1985).

El esquema corporal, o imagen del cuerpo, puede definirse como intuición global o conocimiento inmediato de nuestro cuerpo, sea en estado de reposo o movimiento, en función de la interpelación de sus partes y, sobre todo, de su relación con el espacio y los objetos que nos rodean (Le Boulch 1981).

La actitud es la posición voluntariamente adquirida en un momento determinado y es la forma de proyectarse hacia el exterior (Lapierre 1977).

Es a través de la danza que el hombre alcanza su plenitud humana por la singularidad de la asociación del lenguaje corporal con el espíritu del arte.

La utilización del cuerpo es una manifestación del lenguaje para comunicar emociones, ideas, y temáticas (García Ruso 1997).

El ser humano parte del conocimiento de su cuerpo hacia el conocimiento del mundo que le rodea tomando como referencia el espacio, el tiempo, la dinámica y las relaciones (García Ruso 1997).

El teórico del movimiento Laban (1987) consideraba el cuerpo como un instrumento de expresión extremadamente versátil.

La formación del esquema corporal tiene que considerarse dentro del contexto global del proceso de desarrollo del individuo (García Ruso 1997).

La postura es la posición voluntariamente adquirida en un momento determinado. Corraze (1989) la define como la posición de las partes del cuerpo, unas con relación a las otras y con relación al peso.

Un buen ajuste postural es la base de la actividad motriz óptima. El ajuste postural condiciona la precisión de los movimientos voluntarios (Le Bouch 1978).

Partiendo de la definición de danza como acción de ejecutar movimientos a través del cuerpo como medio de comunicación, se pueden expresar sentimientos o emociones. En ocasiones la comunicación no verbal se utiliza para expresar sentimientos cuyas palabras desconocemos (García Ruso 1997).

Hamilton (1989) expresó la importancia en este sentido afirmando que "cuando prestas atención interna a tu cuerpo en movimiento, obtienes una información personalizada e individualizada. Los bailarines deben adquirir esta información, porque usan su cuerpo para comunicarse, y cuando mejor comprendan sus propios sentimientos y sensaciones, mayor será su capacidad de expresión"

Bizquera (2005) afirma que los aprendizajes que se retienen y perduran en tiempo son aquellos que van ligados a una emoción y esto se produce con mayor facilidad, si los aprendizajes son vivenciales.

Según Marti (2007) el cuerpo es considerado un mapa de la historia del individuo y su postura, su gesto y su movimiento aportan numerosa información sobre la persona .

Según Wieneer y Lidstone (1972) el motivo especifico de la danza (entendemos danza como sinónimo de movimiento) es conocer el cuerpo.

Tal y como definió Charles Darwin "el comportamiento expresa condiciones interiores. La evolución de la expresión se realiza de manera igual a otros rasgos"

Con las referencias anteriormente citadas da comienzo el programa MOC con el que es se pone en práctica la escucha propia al conectar, a través del movimiento orgánico creativo, con la expresión corporal propia y de los demás.

Objetivos Generales

La metodología del programa MOC esta dirigido a la consecución de los siguientes objetivos:

- Dotar al docente de herramientas que faciliten la adquisición de las siguientes competencias dentro del aula:

    - La autoestima.

    - La auto-afirmación.

    - El autocontrol.

    - La empatía.

    - La interacción.

    - La oposición.

    - La toma de decisiones.

    - La auto-expresión emocional.

    - La valoración y cuidado de la salud.

    - La educación corporal adecuada.

    - La asertividad.

- Potenciar la realización de los procesos de expresión.

- Tomar conciencia del cuerpo, de sus partes y de la forma que el cuerpo puede moverse.

- Desarrollar la curiosidad y la creatividad en el alumno.

- Explorar la conciencia y la auto-reflexión para que se hagan conscientes los propios sentimientos y poder expresarlos.

- Adquirir habilidades y registros expresivos.

- Valorar y reconocer los recursos expresivos y comunicativos del cuerpo.

- Llevar a cabo la educación corporal saludable para prevenir abusos.

Método - Desarrollo del trabajo

El programa MOC se ha desarrollado en:

- Fundación Botín - Sede de Santander- 21, 27, 28 y 29 de abril de 2016. Participantes: docentes de centros públicos y privados.

- I.E.S Torres Quevedo - Santander - 4, 5, 6 y 10 de mayo de 2016. Participantes: alumnos de 2º de bachillerato.

- Fundación Botín - Sede de Madrid - 17, 18, 19 y 20 de mayo de 2016. Participantes: docentes de centros públicos y privados.

- Wisdom School - Sede de Madrid - 17, 18 y 19 de mayo de 2016. Participantes 24 niños de 2º E.S.O.

Las sesiones del MOC emocional, social y creativo se han desarrollado con las siguientes dinámicas:

1. Dinámicas de reconocimiento: atendiendo a la singularidad de cada persona asistente para una óptima identificación de particularidades.

2. Dinámicas de deshinibición: partiendo de la identificación corporal, la escucha individual y colectiva aproxima a las personas participantes facilitando una mayor cohesión grupal en la que desarrollar habilidades socio-emocionales y creativas.

3. Dinámicas emocionales: trabajando el cuerpo se induce a la identificación de estados emocionales. Determinados movimientos inducen e la generación de sensaciones diversas que se transforman con el intercambio personal.

4. Dinámicas de manipulación corporal: tomando como base la escucha corporal con observación y entendimiento de otros movimientos, se facilita la empatía y la comunicación para una mayor calidad de expresión.

5. Dinámicas de movimiento: conjunto de actividades llevadas a cabo para la toma de conciencia de las partes que constituyen el cuerpo, sus posibilidades y limitaciones para desarrollar un recorrido por el esquema corporal.

6. Dinámicas de danza: para experimentar, percibir y comprender la riqueza expresiva de la que esta dotado el cuerpo humano y desde la toma de consciencia incrementar la capacidad de movimiento, de expresión y de comunicación, valorando y cuidando el contacto saludable.

7. Dinámicas de relajación: grupo de actividades de análisis de la expresión corporal para entender y poner en práctica una forma diferente de comunicarnos con nosotros y ser capaces de reducir la tensión física y/o mental con la finalidad de profundizar en la conciencia, la auto-reflexión y el movimiento consciente para obtener atención plena.

8. Dinámicas de puesta en común: el encuentro con uno mismo ha facilitado la comprensión y conexión con el entorno. Se ha generado en los participantes un estado emocional de predisposición a la escucha corporal, acercamiento, confianza y entendimiento.

Cada una de estas dinámicas ha consistido en un numero de actividades encaminadas globalmente a la consecución de los objetivos específicos del programa. Destacaremos las siguientes:

1. Dinámicas de reconocimiento:

"Sinfonía de las articulaciones"

Objetivo: Explorar las posibilidades de movimiento para favorecer la toma de conciencia corporal.

Desarrollo: En pié con los ojos cerrados progresiva y lentamente comenzaremos a mover distintas partes del cuerpo, con cambios de peso, flexiones, rotaciones y extensiones.

Las secuencias de movimientos empezarán moviendo inicialmente las extremidades inferiores, cadera, tronco, extremidades superiores, cuello y cabeza.

Esta actividad es recomendable llevarla a cabo al principio de cada sesión a modo de calentamiento.

"Búsqueda del movimiento"

Objetivo: Tomar conciencia de las partes del cuerpo en las que da comienzo el movimiento.

Desarrollo: Por parejas, una de ellas comenzará a mover una zona determinada del cuerpo y su compañero prestará atención en como se dirige su movimiento colocando su mano en dicha zona, analizando como se desarrolla su ejecución y percibiendo sus características.

Realizarán un pequeño recorrido por el espacio, con distinto ritmo y velocidad. A continuación se intercambiarán los papeles.

"Hasta infinito"

Objetivo: Análisis de la lectura corporal.

Desarrollo: Por parejas se irán generando cinco tipos de movimientos:

- Lineal

- Curvo

- Gestual

- Suspensión

- Suelo

Al ritmo de uno, dos tres, cuatro y cinco, realizarán su secuencia dinámica. Se esperaran tres tiempos y nuevamente continuará el ritmo, introduciendo otra nueva composición.

En el punto dos tendrán contacto corporal y buscarán el espacio dejado por otra persona. Se producirá un intercambio de movimientos entre ellos que les permitirá utilizar los recursos expresivos del cuerpo y el movimiento, de forma estética y creativa, comunicando emociones e ideas.

2. Dinámicas de deshinibición:

"Unidos en el espacio"

Objetivo: Facilitar la comprensión corporal.

Desarrollo: Por parejas, uno de sus componentes tocará una zona del cuerpo del otro, en la que se espera una respuesta motora. Entre los dos llevarán este movimiento por el espacio como si hubiese un hilo imaginario.

"Me siento elástico"

Objetivo: Inducir a estados de escucha individual.

Desarrollo: Individualmente, se empezarán a mover los brazos y las manos, como si tuviésemos una banda elástica entre los dedos. Trasladaremos este movimiento por el espacio y en un momento dado se lo transferiremos a algún compañero, este lo recibirá y lo hará suyo para transferirlo a otra persona.

"Eco"

Objetivo: Analizar y tomar consciencia del movimiento.

Desarrollo: Por parejas, uno iniciará la actividad iniciando un pequeño soplido en un punto corporal del otro compañero, el cual deberá iniciar el movimiento a partir de la esa zona elegida por el compañero y otorgándole matices particulares.

3. Dinámicas emocionales

"Vasos comunicantes"

Objetivo: Educar la percepción emocional entre el grupo a través del movimiento.

Desarrollo: En una primera secuencia, en grupos de dos se iniciará una actividad de transmisión de movimientos en los cuales uno de los componentes de la pareja llevará la iniciativa, y la otra parte escuchará y tratará de copiar sus movimientos.

En la segunda secuencia no habrá pautas dirigidas, surgirán diferentes relaciones entre los dos interviniendo en partes iguales ambos alumnos en la toma de decisiones.

La tercera secuencia se llevará a cabo realizando intervenciones con el cuerpo del compañero, pudiendo hacer dibujos y composiciones con él.

Finalmente se llevará a cabo este ejercicio con todo el grupo, en el que a través de lecturas y diálogos corporales se realizará una composición coreográfica.

"Astronautas"

Objetivo: Experimentar la atención plena.

Desarrollo: Iniciaremos la actividad en el suelo, se levantará una parte del cuerpo y los alumnos quitan peso a esa parte elevándose ligeramente esta parte.

Después en pie, cuando se nombra esa parte del cuerpo nos imaginamos que no hay peso en esa zona y que caminamos por el espacio, sin gravedad.

"Neuronas espejo"

Objetivo: Desarrollo de la empatía a través del movimiento.

Desarrollo: Por parejas, uno de los componentes iniciará una secuencia de movimientos y su compañero le imitará como si fuese su espejo. Posteriormente se repetirá con otras parejas y se analizará con que parejas hemos tenido mayor conexión.

4. Dinámicas de manipulación corporal

"Corpo a terra"

Objetivo: Promover el contacto saludable.

Desarrollo: Por parejas, uno tumbado y el otro sentado a su lado, el segundo le dará un masaje al que esta tumbado.

A continuación unidos por los pies trataran de llegar de un extremo al otro de la clase deslizándose por el suelo, en una prueba de velocidad con el resto de parejas. La condición es que al menos uno de ellos permanezca con las manos y las piernas en contacto con el suelo. La pareja que antes llegue de un extremo a otro, será la ganadora.

"Somos magnéticos"

Objetivo: Aprender a interpretar los estímulos de movimiento transmitidos por otra persona.

Desarrollo: Por parejas, uno maneja al otro mediante el tacto transmitiendo una dirección, intensidad y velocidad creando un movimiento continuo simulando un magnetismo. Al principio es recomendable empezar guiando con un mano en la espalda y luego buscar diferentes partes atrayentes del movimiento.

"Contact"

Objetivo: Favorecer la inter-relación e improvisación individual y de grupo.

Desarrollo: Por parejas, se inducirá a la relajación para producir un equilibrio energético de ambos. Posteriormente cada uno adoptará movimientos creando lineas con su cuerpo, figuras curvas o movimientos desde el suelo, desde una pared o aislados en el espacio.

5. Dinámicas de movimiento

"Espacio compartido"

Objetivo: Explorar el espacio con movimientos y trayectorias.

Desarrollo: Se invadirá el espacio en todas las direcciones, a diferentes a velocidades pautadas. Cuando nos encontramos con un compañero lo miraremos a los ojos. Progresivamente vamos aumentando la velocidad de los desplazamientos, hasta finalizar corriendo, intentando siempre no chocar con nadie. Progresivamente iremos ocupando un espacio menor.

A continuación el grupo se partirá en dos. Unos se mantendrán estáticos y el otro se moverá a gran velocidad entre los que permanecen inmóviles. El movimiento se transformará en danza.

"Calculadora"

Objetivo: Experimentar diferentes formas espaciales.

Desarrollo: A cada parte del cuerpo se le asocia un número. Al nombrar los distintos números, se activarán esas partes con el movimiento que cada uno quiera ofrecer. Después se realizarán composiciones de movimiento haciendo operaciones básicas, simulando sumas agregando a un mismo movimiento realizado por una persona el de otra, de la misma manera se llevarán a cabo estas "restas", "multiplicaciones" y "divisiones".

"Stop"

Objetivo: Analizar el movimiento particular y general.

Desarrollo: Se invadirá el espacio al ritmo de una música, preferentemente clásica. La música se detendrá de repente y se analizará el movimiento de una persona escogido al azar. El resto de participantes expresarán que les sugiere el movimiento de esa persona.

6. Dinámicas de danza

"Radiografía coreografía"

Objetivo: Desarrollo de la creatividad.

Desarrollo: Por grupo realizaremos una coreografía en la que cada integrante pondrá en valor una parte del cuerpo. Empezaremos dividiendo la asignación de papeles según los siguientes movimientos: cadera, cabeza, extremidades superiores, extremidades inferiores y espalda.

Posteriormente cada parte del cuerpo se asociará también a un determinado movimiento: giro, suspensión, rotación y traslación.

"Maniquí"

Objetivo: Experimentar cualidades y calidades de movimiento.

Desarrollo: Buscamos el equilibrio apoyándonos en el compañero, transfiriéndole nuestro peso y buscando un punto de equilibrio común. Se harán transiciones fluidas y continuas sin parar de dar o quitar peso, alternando posturas de tensión-presión y creando transiciones continuas y fluidas.

"Me suena tu movimiento"

Objetivo: Explorar los registos corporales.

Desarrollo: Diálogo corporal para responder al movimiento de nuestro compañero con otro movimiento.

Por parejas, crear una pequeña coreografía en forma de diálogo corporal: uno hace un movimiento y seguidamente el otro compañero le responde con otro movimiento, sucesivamente hasta alcanzar cinco movimientos cada uno.

De modo global, se han desarrollado actividades de *contact*, entendido como sistema de movimiento de contacto con contenidos técnicos cuyo desarrollo se basa completamente en la interrelación e improvisación individual y colectiva desde un lugar de igualdad y respeto permitiendo tomar conciencia del movimiento y dotarle de sentido interno satisfactorio para facilitar la regulación propia, así como ejercicios de danza contemporánea.

Para fomentar los vínculo cuerpo-mente, sentimiento-cuerpo, cuerpo pensamiento, empatía-asertividad se llevaron a cabo las actividades de expresión corporal. Esta práctica nos permitió hacer una reflexión profunda, que dio como resultado el entendimiento de la afirmación de Tolle, que puede considerarse una clave del constructor-cuerpo mente: "La emoción es la reacción del cuerpo a la mente".

Según Goldman (1992) "el cerebro contiene estructuras capaces de activar respuestas fisiológicas que intentan emular el estado interno de la otra persona". Este enunciado tuvo su referencia práctica a través de la actividad anteriormente descrita *"Vasos comunicantes"*con la que se pretendió establecer un nexo de unión entre yo y los otros a través del movimiento.

Coincidiendo con otra afirmación de Ralph Waldo Emerson "el cuerpo indiscreto no sabe callar" mediante las actividades contenidas en las dinámicas del programa, se ha manifestado el cuerpo como el reflejo de la mente. Una pregunta planteada que dió lugar a un estado receptivo de los participantes fue la siguiente: ¿Estoy como siento o siento como estoy?

Optimizar la comunicación mediante el constructo cuerpo-mente, puede ser posible al generar en primer lugar estadios de escucha, tomando consciencia de las distintas partes del cuerpo y entendiendo como intervienen en la comunicación. Otra reflexión importante es como identificar la manifestación de las emociones en el esquema corporal y poder utilizar el lenguaje del cuerpo y el contacto físico para humanizar las relaciones personales.

El programa MOC se ha diseñado en base a tres ejes, el emocional, el social y el creativo para llegar a una experimentación consciente, libre y compartida del movimiento:

1. MOC Emocional

2. MOC Social

3. MOC Creativo

Como conclusión del programa se desarrollo MOC en acción, que detallaremos posteriormente.

1. MOC Emocional

El ser humano se desarrolla como una persona que siente, piensa y actúa desde su propia corporeidad.

El cuerpo, su presencia, determina la condición humana y es el eje de referencia de sus aprendizajes y sus relaciones con el entorno. La expresividad corporal forma parte de la materia de cada ser humano.

Su conducta social se manifiesta a través de habilidades para la comunicación y entre ellas, el uso del lenguaje corporal, definirá así sus rasgos personales y diferenciales.

Aunque la palabra toma el primer plano de la comunicación, son los matices corporales asociados al lenguaje verbal como movimientos, gestos, acciones corporales, los que completan el la comunicación. Por lo tanto, toda persona podría hacer de su cuerpo un vehículo de expresión y comunicación.

Objetivos MOC Emocional

- Reconocer la faceta expresiva y comunicativa de emociones a través del movimiento humano.

- Acercar al individuo a su cuerpo y orientarlo al potencial artístico y creativo del mismo.

- Ofrecer herramientas para construir estados creativos a través del movimiento.

Finalidad MOC Emocional

Aportar expresividad al movimiento para transformarlo en mas fluido, libre y creativo activando la conexión con el propio cuerpo y clarificando la información que surge de las interacciones con los demás, apoyándose también en la relación social y la comunicación humana.

2- MOC Social

Son una serie de conductas, pensamientos y emociones, que aumentan nuestras posibilidades de mantener relaciones interpersonales satisfactorias y de conseguir que los demás no nos impidan lograr nuestros objetivos. Lo que ha conducido a la inteligencia de la persona es la vocación social de no estar solos. La importancia de la sociedad, de la conciencia de grupo, de la empatía y de la simpatía, junto con el lenguaje, son las características que nos hacen humanos. El desarrollo de la personalidad se produce a partir de la socialización.

Nuestras competencias para generar y comprender pensamientos, nuestras expectativas, nuestra autoestima y nuestro grado de inteligencia emocional construyen las habilidades sociales.

La existencia se ve modulada por las relaciones y es así como la inteligencia y personalidad se ha desarrollado por el hecho de vivir en sociedad. El movimiento del cuerpo y su conciencia tiene una clara influencia en las relaciones con el entorno.

Resulta necesario saber movernos bien, de una forma saludable, emotiva y conectada a nosotros. Somos el resultado de todos los movimientos, internos y externos, que hemos hecho en nuestra vida.

Objetivos del MOC Social

- Reconocer la conducta corporal que es adecuada en cada momento.

- Identificar diferentes señales corporales de respuesta.

- Ofrecer herramientas para reconocer el estado emocional del grupo.

- Experimentar emociones a través del movimiento a nivel intrapersonal e interpersonal.

Finalidad del MOC Social

- Aportar expresividad al movimiento, hacerlo mas fluido, libre y creativo activando la conexión con el propio cuerpo y comprendiendo la información que surge de las interacciones con los demás, apoyándose en la relación social y la comunicación humana.

  "Lo importante es este momento en movimiento. Haz el momento importante, vital y digno de ser vivido. No dejes que se escape inadvertido y sin usar.....Lo importante es este momento en movimiento. Haz el momento importante, vital y digno de ser vivido. No dejes que se escape inadvertido y sin usar....."

Martha Graham

3- MOC Creativo

Potencia aspectos como la percepción, la curiosidad, la expresión, la espontaneidad, para favorecer la creatividad y la comunicación.

Se puede conseguir un mejor crecimiento, desarrollo y maduración del ser humano, a través del placer de descubrir el cuerpo en movimiento y la seguridad de su dominio progresivo.

El movimiento orgánico creativo busca el desarrollo de la capacidad comunicativa mediante la ampliación del propio espectro de expresión: movimiento, voz, sonido y gesto.

La creatividad se produce cuando dejamos que el movimiento dinamice nuestro cuerpo en base a emociones y sentimientos.

El cuerpo es el depositario de la identidad que configura la personalidad visible mediante movimientos, gestos y actitudes. El movimiento proyecta el estado emocional a través del cuerpo como instrumento de comunicación.

Objetivos del MOC Creativo

- Reconocer la capacidad creativa a través de la conducta corporal.

- Acercar al docente al proceso creativo a través de señales de respuesta corporales.

- Descubrir el potencial del movimiento orgánico creativo para la generación del bienestar y su aplicación en el desarrollo socio-emocional con el alumnado.

- Experimentar emociones a través del movimiento a nivel intrapersonal e interpersonal.

Finalidad del MOC Creativo

- Aportar expresividad al movimiento para hacerlo mas fluido, libre y creativo activando la conexión con el propio cuerpo y comprendiendo la información que surge de las interacciones con los demás, apoyándose en la relación social y la comunicación humana.

MOC en Acción

Es la puesta en común de la primera, segunda y tercera sesión, en colaboración con el 25 aniversario del Palacio de Festivales de Cantabria. Los participantes intervinieron en dinámicas de movimiento.

Objetivos:

- Universalizar la danza dentro de una propuesta de profesionales con personas fuera de ámbito artístico para mutuo enriquecimiento.

A partir del diseño y aplicación del programa en el primer centro, progresivamente se han podido introducir adaptaciones, atendiendo a las necesidades del grupo, según el rango de edades y sus características globales como grupo y particulares de sus integrantes.

En el caso de los alumnos de 14 años se llevaron a cabo un gran número de dinámicas, para incentivar la participación, las cuales se enfocaron en una linea divertida y cercana para facilitar la deshinibición. Se produjo la conexión cuerpo-mente, desde el sentido del humor, lo que reforzó la seguridad individual y de grupo, eliminando las barreras de los prejuicios y creando una disponibilidad óptima para comunicar a través del movimiento.

Con los alumnos de 18 años, se pretendió dar otro paso mas conectando con ellos desde la madurez y la seriedad para llegar a su disponibilidad.

En el caso de los profesores, han tenido una alta receptividad y permeabilidad a las dinámicas. Esta circunstancia ha fomentado la exploración de contenidos y experiencias y la valoración de la puesta en práctica de los recursos adquiridos en el programa.

Resultados

La evaluación se ha centrado en los siguientes aspectos:

1. Valorar los efectos del movimiento, en los aspectos fisiológicos, sociales y emocionales, tanto a nivel de expresión como de bienestar.

2. Evaluar las habilidades motrices y organizar actividades para la mejora de la participación en actividades motoras.

3. Comportarse de manera consecuente y responsable con el cuidado del cuerpo y la satisfacción de sus necesidades evitando conductas de riesgo para la salud.

4. Percibir y comprender la riqueza expresiva en el movimiento humano y dominar lo suficiente el movimiento y el gesto, adaptarlo e improvisar conductas motrices creativas, comunicativas y expresivas.

5. Mejorar el rendimiento motor personal.

6. Participar independientemente del nivel conseguido en actividades físicas cercanas o de su entorno, de manera sana y socialmente respetuosa.

7. Realizar movimientos libres y fluidos.

8. Identificar estados corporales propios y de los demás.

9. Incrementar las capacidades de movimiento de acuerdo con el desarrollo motriz, acercándose a los valores normales del grupo de edad en el entorno de referencia.

10. Utilizar técnicas de relajación como medio para recobrar el equilibrio fisiológico y como preparación para el desarrollo de otras actividades.

11. Expresar y comunicar de forma individual y colectiva estados emocionales utilizando el movimiento.

El 100% de los participantes han calificado como muy satisfactorio el taller en referencia a la contribución de la capacidad comunicativa.

El 100% de los participantes han calificado como muy satisfactorio el taller en relación con la contribución en la adquisición de herramientas corporales para favorecer los recursos socio-emocionales y generar bienestar en el aula.

El 100% de los participantes han calificado como muy satisfactorio el taller en la contribución de expresividad corporal para favorecer la gestión de emociones dentro del aula.

El 100% de los participantes han calificado como muy satisfactorio la contribución de expresividad corporal para favorecer la gestión de emociones dentro del aula.

El 93% de los participantes han calificado el taller globalmente como muy satisfactorio.

Este programa ha sido predecesor del curso para docentes "Cuerpo Creativo" incluido dentro del programa Educación Responsable de la Fundación Botín.

Discusión y conclusiones

El diseño del programa se ha configurado en base a tres ejes: el emocional, el social y el creativo. El movimiento orgánico ha favorecido los registros creativos de los participantes.

La aplicación del programa ha pretendido contribuir a la mejora de la comunicación y creatividad mediante la puesta en común de dinámicas en las que el movimiento se ha constituido como fin y como medio para desarrollar la experimentación y toma de conciencia corporal con las que facilitar la comunicación y la creatividad.

La observación y experimentación de las dinámicas propuestas en el programa podrían hacer reflexionar en torno a ciertas cuestiones.

Sería altamente eficiente que los participantes, sobre todo los alumnos, puedan haber tenido un acercamiento previo en términos de motricidad y conciencia corporal.

Así mismo la evaluación de los participantes antes, durante y después de su participación, es otro aspecto a considerar para futuras intervenciones.

La mejora del rendimiento académico y la mejor integración de los alumnos en su ámbito social, es un aspecto digno de un estudio paralelo y complementario. Igualmente seria óptimo estudiar la evolución como grupo de los participantes.

El desarrollo de la creatividad es otro posible factor a evaluar, pero en este sentido es complicado poder hacer una cuantificación precisa, por lo que sería conveniente diseñar criterios de medición. De manera intuitiva se ha podido observar un incremento en la búsqueda de registros así como una mayor integración corporal.

El desarrollo pleno del ser humano, independientemente de su edad y ámbito, es posible al percibir y sentir plenamente la realidad mediante la conexión de la corporeidad al pensamiento y al entorno. Este proceso desencadenará en la mejor comunicación y expresión tanto dentro de su grupo como fuera de él.

Este programa ha pretendido estudiar el movimiento en su aplicación sobre docentes y alumnado como vehículo de expresión, comunicación y creatividad para la adquisición de recursos socio-emocionales con los que fomentar el mejor entendimiento entre docente y alumno.

El modelo de educación emocional actual, basado en el estudio Mayer y Salovey (1997) en sus cuatro habilidades de percepción, asimilación, comprensión y regulación emocional, podría extrapolarse al plano corporal como una inteligencia emocional corporal, con la que el cuerpo humano se expresa y se comunica de forma óptima desarrollando su identidad plenamente.

Por otro lado la danza y el movimiento tiene un papel muy importante para la adquisición de vínculos afectivos con el entorno y para promover la confianza en uno mismo. A través del constructo cuerpo-mente se enriquecen las habilidades socio-emocionales, se experimenta el proceso creativo y de libre expresión y comunicación a partir del conocimiento corporal y se interpreta el manejo del espacio, dando lugar al fortalecimiento de la autoconfianza y con ello de la autoestima.

El movimiento corporal en el individuo es un acto natural que forma parte de cualquier proceso de aprendizaje, en el desarrollo físico e intelectual. Es un componente clave en el proceso de socialización en el que manifestar la transmisión de valores.

La enseñanza del movimiento como arte fundamental y herramienta de desarrollo para educar la integridad del ser como unidad sensitiva, emocional e intelectual induce no solo a una nueva dimensión educativa sino también a un nuevo paradigma educativo en el desarrollo del alumno que aprende a pensar con su cuerpo. La ciencia del movimiento tiene la clave del desarrollo emocional, las habilidades sociales y el bienestar. El componente emocional de la comunicación es el que dota de mayor realidad al lenguaje corporal.

Saber comunicar es una necesidad educativa. Tomando conciencia del cuerpo, el movimiento se hace discurso y el canal se vuelve más eficaz.

Referencias bibliográficas

Libros:

Benito Vallejo, J. (2001). Cuerpo en armonía: Leyes naturales del movimiento. Barcelona: INDE Publicaciones.

Bizquerra, R.; Pérez J.C.; García E. (2015). Inteligencia emocional el educación. Madrid: Síntesis D.L.

García Ruso, H.M. (1997). La danza en la escuela. Barcelona: INDE Publicaciones.

Galo Sánchez et al. (2003). Expresión, creatividad y movimiento / I Congreso Internacional de Expresión Corporal y Educación. Salamanca: Amarú.

CAPITULO V

ARTE, CONECTIVIDAD Y APRENDIZAJE

Dra. Violeta Izquierdo Expósito
Universidad Complutense de Madrid, España

Resumen

Las enseñanzas universitarias se enfrentan en el siglo XXI a un proceso de cambio de la mano de las nuevas tecnologías de la información y la comunicación. Los modelos tradicionales de enseñanza se pueden ver reforzados por las oportunidades que nos ofrecen recursos tan novedosos como las redes sociales. Estas herramientas pueden suponer un excelente aliado en el proceso de enseñanza-aprendizaje mejorando las metodologías docentes y fomentando la comunicación entre profesor-alumno. Mediante el presente trabajo queremos poner de manifiesto la iniciativa particular llevada a cabo en el ámbito docente universitario de la UCM para conectar la enseñanza de una materia artística con la utilización de recursos digitales. La intención de este estudio es el análisis y desarrollo secuencial de los pasos llevados a cabo para elaborar el proyecto docente, constatando los resultados obtenidos un año después de su puesta en marcha.

Palabras claves

Redes sociales, enseñanza, aprendizaje, nuevas tecnologías.

Introducción

La docencia universitaria puede considerarse un entorno estratégico para conectar las posibilidades que ofrecen la tecnología y las redes sociales en la adquisición del conocimiento. Las propuestas de renovación que nos llegan del Espacio Europeo de Educación traen consigo nuevos retos para los docentes y para los estudiantes. Si comparamos la Universidad actual con la de hace una década, observamos cambios sustantivos, no sólo en la infraestructuras y gestión, sino en el cambio de mentalidad en la formación y la docencia como parte del desarrollo personal y profesional de los estudiantes. La enseñanza se ha convertido en un espacio de competencias profesionales, que están compuestas por conocimientos y por habilidades específicas de comunicación, de manejo de recursos didácticos, además de por un conjunto de actitudes propias de los formadores y los planes estratégicos de mejora.

> En la Sociedad de la Información y del Conocimiento, la Tecnologías de la Información y la Comunicación (TIC), la comunicación en general y las tecnologías 2.0 vienen jugando, sobre todo en las dos últimas décadas, un papel muy importante en la educación superior, en sintonía con la idea de la digitalización de la información cambiaría el soporte primordial del saber y del conocimiento y los hábitos y costumbres con respecto al conocimiento (Adell, 2007: 324)

Si la aparición de la Web 2.0 ha supuesto un innegable cambio y transformación en el ámbito docente a nivel de tecnología, conocimiento y conectividad de los usuarios, provocando una formación más colaborativa, consolidando un espacio práctico para la formación del alumnado, la reciente aparición de las redes sociales ha supuesto una verdadera revolución en el intercambio de conocimiento entre profesores y estudiantes.

Las nuevas tecnologías nos permiten disponer de recursos para mejorar las estrategias habituales de la enseñanza presencial, apoyándonos en entornos online, igualmente las redes sociales se están revelando como unas excelentes herramientas de comunicación y con un potencial para ser utilizadas como recurso complementario en entornos académicos. Estas posibilidades entroncan con ciertas propuestas novedosas surgidas en los últimos tiempos que tendrían tres premisas para su consideración como innovación: apertura, actualidad y mejora.

Promover iniciativas que relacionen el contexto socio-cultural del universitario actual, con estas herramientas supone impulsar la innovación curricular, un modelo que busca la mejora en la enseñanza y en el aprendizaje, sirviéndose de las múltiples oportunidades que ofrecen estos entornos virtuales. Las redes sociales han modificado nuestra forma de comunicarnos y compartir información y han suscitado un gran interés entre los estudiantes. Las universidades y las instituciones educativas también están apostando por incorporar estos recursos y buscan la forma de utilizar estos sistemas de manera más activa, pero es necesario explorar lo que la utilización de las redes sociales pueden aportar en la educación, los docentes deben aprovechar esta situación y la predisposición de los estudiantes para incorporar las redes sociales a la enseñanza.

El Espacio Europeo de Educación Superior (EES) promueve la colaboración, la libre difusión de la información o la generación de contenidos propios para la construcción del conocimiento, los entornos digitales y las redes sociales aportarían un gran valor añadido a la consecución de estas metas, con su incorporación al terreno educativo, por su potencialidad para convertirse en un escenario de propuestas didácticas que sitúen al alumno en la adquisición del conocimiento. Conscientes de estas oportunidades propusimos un caso concreto para la aplicación de estos recursos al ámbito de la educación y extraer las posibilidades didácticas de estas herramientas.

Objetivos Generales y Específicos

El caso de estudio se presentó en la Facultad de Ciencias de la Información, en concreto en la asignatura de Movimientos Artísticos Contemporános, dentro del grado de Periodismo. Nos planteamos unos objetivos generales encaminados a:

1. Estudiar las posibilidades que ofrece la tecnología para mejorar el trabajo en el aula y atraer la atención de los alumnos.

2. Analizar y utilizar herramientas tecnológicas para crear contenidos útiles y compatibles con las enseñanzas especializadas.

3. Animar a hacer uso de las diferentes redes sociales para facilitar el aprendizaje.

Los objetivos específicos se centraron en dos acciones concretas :

1- **Utilización de las redes sociales en el proceso de enseñanza-aprendizaje**.

   Muchos de los métodos educativos asociados con el aprendizaje en la enseñanza tradicional pueden enriquecerse con la utilización de la redes sociales en el ámbito docente. La educación apoyada en las redes ofrece posibilidades de aprendizaje abierto y flexible, compatible con la rutina docente y acentúa la implicación activa del alumno; la atención a las destrezas emocionales en un mundo en rápida transformación, la flexibilidad de adaptación de los alumnos en un mercado laboral que demandará formación a lo largo de toda su vida y las competencias necesarias para este proceso de aprendizaje continuo.

2- Creación de una plataforma virtual propia para la difusión del conocimiento.

Una de las tradicionales demandas del alumnado universitario es la falta de conexión entre el aprendizaje en el aula y la práctica de esas enseñanzas. Las nuevas tecnologías facilitan el uso de recursos y herramientas especialmente útiles en el ámbito periodístico. Estos avances tecnológicos permiten la distribución de contenidos, el acceso a la información, la interacción de profesores y alumnos, así como la transferencia de conocimiento. Una enseñanza apoyada en entornos *online,* que conecta directamente la formación con la futura profesión de los estudiantes, es una excelente herramienta en la Facultad de Ciencias de la Información y en el la formación de futuros periodistas.

Método

Plantear una metodología activa combinando los herramientas tecnológicas con la enseñanza presencial nos ha permitido adaptar la docencia al contexto socio-cultural contemporáneo, la Sociedad de la Información y al perfil de unos destinatarios ya conocidos como nativos digitales.

El uso de las nuevas tecnologías en la educación superior ha supuesto un incuestionable avance en algunos aspectos de la enseñanza-aprendizaje como la simplificación en la distribución de los materiales docentes o las vías de comunicación entre profesor y alumno, pero la verdadera innovación no es ésta, sino que tiene que ver con la implantación de metodologías que mejoren la calidad de la docencia provocando una auténtica conexión entre los clásicos modelos de enseñanza y métodos actuales para la adquisición del conocimiento.

Hasta ahora, los ejemplos de utilización de las redes sociales en la práctica de la docencia de la educación superior han sido muy excasos. Nuestro proyecto pone de relevancia su indudable utilidad para fomentar el contacto, el diálogo y la comunicación entre los alumnos y profesores. Contribuye a desarrollar un modelo de enseñanza más flexible, donde prima la actividad y la construcción del conocimiento y supone una vía para integrar la enseñanza tradicional con los nuevos entornos virtuales. Las redes sociales han supuesto una herramienta de aprendizaje colaborativo, han ayudado a mantener el contacto dentro y fuera del aula, además de aumentar la motivación por los contenidos objeto de aprendizaje.

El Plan de trabajo

1. Primera fase: creación de plataforma y redes
   o Diseño, menú, fuentes y materiales
2. Segunda fase: planificación de actividades para la plataforma y redes
3. Tercera fase: implantación el aula y seguimiento durante el curso

Diseño y actividades en el Blog Artenea

Artenea se estructura en torno a un menú que incluye las siguientes pestañas:

Quienes somos detalla el equipo de personas que formaron parte de la puesta en marcha y organización inicial de la plataforma. Compuesto por la profesora titular de la asignatura en el departamento y alumnos de periodismo en distintos momentos de formación, terminando estudios, en máster y en doctorado.

En el apartado de ***Entrevistas*** se publican los trabajos de este género realizados a personajes relacionados con el mundo del arte, directores de museos, historiadores del arte, críticos, gestores culturales, artistas, etc.

La categoría de ***Exposiciones*** recoge todas las reseñas de exposiciones artísticas elaboradas por el equipo y por el alumnado durante el curso. De esta manera se ha generado contenido con temas novedosos que conectan con la actualidad del panorama artístico incidiendo en la divulgación y la información al mismo tiempo.

Reportajes incluye trabajos de investigación periodística centrados en la temática artística, con una amplia selección de asuntos vinculados a cualquier etapa histórica de la historia del arte.

Miscelánea se crea para dar cabida al resto de publicaciones que no encajan en las categorías anteriores: artículos de opinión, críticas artísticas, videos divulgativos, écfrasis, crónicas, etc.

Fuentes sirve al alumno para encontrar información y recursos que le ayuden a preparar la asignatura y ampliar conceptos en materia artística y periodística. En este sentido se podrán encontrar importantes bases de datos, páginas de bibliotecas o instituciones que ofrecen ingente bibliografía de descarga gratuita. Colgamos numerosas páginas con recursos didácticos de interés para los apasionados por el mundo del arte y periodismo, además de incluir una impresionante pinacoteca virtual de consulta para acceder a innumerables imágenes artísticas distribuidas por todo el mundo.

Incluimos una última pestaña que denominamos ***Colabora,*** a modo de invitación a ex-alumnos o personas especialmente interesadas y formadas en nuestros contenidos que, teniendo algún trabajo de interés que aportar, lo pueda hacer al comité de redacción para su valoración. Incluimos las normas de publicación del blog y el correo electrónico de contacto donde enviar los trabajos. Esta convocatoria nos parece una buena manera de mantener el contacto con las promociones de alumnos que irán pasando por la asignatura, además de nutrirnos de la mirada y la experiencia que esos futuros profesionales que saldrán de nuestras aulas.

Diseño y actividades en Facebook

- Se comparten noticias de actualidad artística relacionas con el mundo del arte que publican las secciones de cultura de los diferentes diarios y revistas: museos, exposiciones, artistas.
- Se publican las entradas de nuestro blog Artenea, los días que han sido publicadas en esta plataforma, implementando la visibilidad de esos trabajos de elaboración propia procedentes de las prácticas de los alumnos de la asignatura.
- Se comparten artículos, monografías y material didáctico procedente de la red, que puedan ser de utilidad a los alumnos para seguir la asignatura y ampliar sus conocimientos.
- Se publican todo tipo de contenidos audiovisuales relacionados con el arte: videos, imágenes animadas, contenidos de entretenimiento.

Diseño y actividades en Twitter

La red social de los 140 caracteres nos permite divulgar conocimientos artísticos de una forma visual, educativa y dinámica. Es rápida, directa y muy interactiva. Desde nuestro usuario **@arteneaucm,** lanzamos varias iniciativas con hashtag propio. Estas han sido algunas de nuestras propuestas para estimular la participación del alumnado:

#Descubrelaobra: de lunes a jueves colgamos en nuestro perfil un tuit con esta etiqueta. Los alumnos y el resto de seguidores descubren, ven y comparten una obra de arte completamente identificada con su autor, título, fecha y el movimiento artístico al que pertenece. En este caso, las obras no se cuelgan aleatoriamente, sino que siguen el orden del temario de la asignatura, comenzando por el Impresionismo y acabando en el Surrealismo.

#Adivinalaobra: bajo este hashtag se publica todos los viernes un reto enfocado a los alumnos. Colgamos la imagen de alguna de las obras del tema en el que estamos trabajando en la asignatura, acompañado de alguna pista, y son los alumnos los que deben responder al tuit identificando completamente la obra. Intentamos estimular al alumno en la búsqueda de la información necesaria para contestar y ser el primero en responder al desafío.

#Miobrafavorita: se trata de una etiqueta para los propios alumnos. Al final de cada tema del programa, cada alumno debe colgar en su perfil de twitter la obra que más le ha gustado de ese movimiento artístico. Estas imágenes son retuiteadas para crear un repositorio de imágenes que servirán a su vez de consulta para el estudiante cuando prepare la materia de cara al examen. Conseguimos igualmente un fuerte impacto divulgador a través de la publicación de estas imágenes.

#Taldíacomohoy: es una propuesta que ya existe en twitter, pero que nosotros usamos para relacionarlo con temas artísticos, en concreto con el día de nacimiento o muerte de artistas contemporáneos. Aprovechamos ese día para colgar el nombre del artistas con sus fechas de nacimiento y muerte, alguna fotografía o autorretrato, así como ejemplos de sus obras más representativas.

Otras iniciativas no de programación habitual surgen como consecuencia de los acontecimientos relevantes o efemérides anuales que nos sirven para conectar la asignatura con la actualidad, días en los se celebra o conmemora algún tema de calado, el día de la madre, el día de la danza, etc. Estas ocasiones suponen una oportunidad para unir el presente con el arte y conectar ambas realidades en una propuesta divulgativa, **#DíaInternacionalDeLaDanza, #Womenarthistory, #Elartedeloslibros.**

Facebook y Twitter también conectan con nuestra plataforma de divulgación **Artenea,** y dan visibilidad a los contenidos propios realizados para nuestro blog, todas las entradas son compartidas y publicadas en ambas redes generando nuevos canales de difusión entre nuestros alumnos y seguidores.

Resultados

La estrategia de convertir la tecnología en un aliado es una realidad social que, en nuestro ámbito educativo, nos ha permitido relacionar la enseñanza teórica y la práctica. Hemos puesto en marcha dos propuestas fundamentales: crear una plataforma digital para la publicación de los trabajos de los alumnos y hacer uso de las redes sociales generalistas más conocidas (Facebook y Twitter) con fines puramente divulgativos. Ambos planteamientos partieron de la idea inicial de conectar las nuevas tecnologías con el ámbito docente, favorecer la comunicación con los alumnos y promover otros tipos de aprendizaje.

Otro de los resultados obtenido es la transferencia del conocimiento a la sociedad. Una crítica habitual en la Universidad es que vive de espaldas a la sociedad y nos planteamos romper esta inercia con nuestro proyecto. Alguna de las iniciativas lanzadas desde Artenea lograron hacerse un hueco en la agenda setting de los medios nacionales y provinciales. Es el caso del reportaje sobre *los murales de la Facultad de Ciencias de la Información*, que tras ser publicado en nuestro blog (www.artenea.es) y tener una difusión excelente en resultado de visitas, más de 5000 en dos días, llamó la atención de importantes medios generalistas que se desplazaron a la UCM para hacer su propio reportaje entrevistando tanto a los autores del reportaje escrito como a los artistas que ejecutaron los murales. Entre otros, este reportaje salió en Cadena Ser, M21, Telemadrid, Inforadio, Tribuna Complutense.[31]

Igualmente nuestra inciativa ha permitido conectar dos ámbitos de conocimiento: Arte y Periodismo a través de sus profesores y alumnos. Acudimos a la Facultad de Bellas Artes para explicar nuestro proyecto de innovación docente y buscamos sinérgias y formas de colaboración entre los alumnos. De esta manera los estudiantes de Periodismo conectaron con futuros artistas, que fueron entrevistados y explicaron sus trabajos creativos. Muchos de estos trabajos se publicaron en el blog Artenea, permitiendo dar voz y visibilidad a estudiantes de arte y facilitando que los alumnos de Periodismo hicieran prácticas curriculares.

Creación del blog denominado ARTENEA: Arte y Periodismo.

*"**Artenea** es un blog de Arte y Periodismo creado en el ámbito docente universitario. Nuestro objetivo es conectar el aprendizaje artístico con la práctica periodística. Publicamos las mejores reseñas, crónicas, reportajes, artículos, entrevistas o noticias relacionadas con el Arte Contemporáneo escritas por estudiantes y antiguos alumnos de Periodismo de la Facultad de Ciencias de la Información de la UCM. Los destinatarios del mismo han sido los alumnos de las asignaturas Movimientos Artísticos Contemporános y Arte Español Contemporáneo del grado de Periodismo* y, por extensión, un nutrido número de seguidores interesados en el mundo del arte y el periodismo cultural, lo que ha supuesto sobrepasar los límites de las asignaturas y de la propia Universidad, colocando nuestra publicación al nivel de otras de similar contenido que circulan por la red.

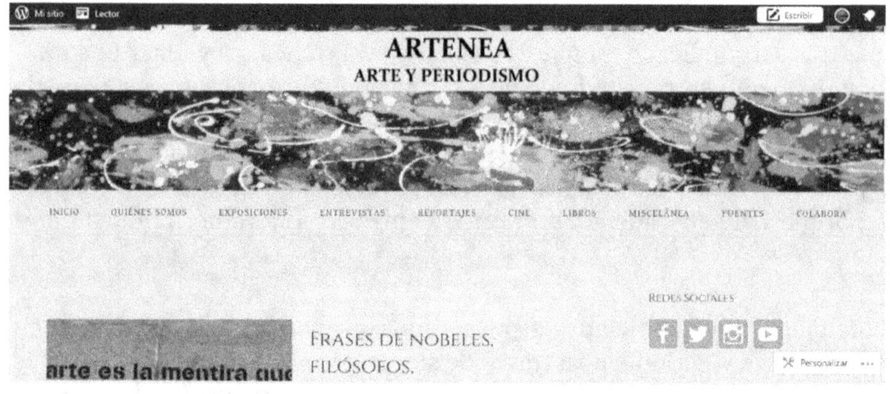

Diseño de la web Artenea

Resultados en el blog: www.artenea.es

	2016*	2017*
Número de visitas	12066	15890
Número de Visitantes	6291	9262
Países visitantes	65	76
Número de entradas publicadas	60	80
Número de subscriptores totales	**2960**	

***2016** (sept-diciembre)   ***2017** (enero-junio)

Abrimos perfiles en Facebook y Twitter

Siguiendo la imagen identificativa del blog hemos creado dos perfiles en la las redes sociales generalistas más populares a nivel mundial. Utilizar estos recursos en la docencia universitaria nos ha permitido crear entornos virtuales de aprendizaje y fomentar destrezas que, sin duda, formarán parte del entorno competitivo del alumnado. Hemos ofertado actividades para trabajar competencias como la búsqueda, selección, gestión y transformación de la información o el trabajo en equipo. La utilidad de la propuesta conlleva tres ventajas añadidas: ambas redes son generalistas y de manejo sencillo, prácticamente todo el alumnado está familiarizado con ellas y las usan habitualmente y, además, no implican ningún coste económico. Twitter y Facebook han ayudado a los estudiantes a profundizar en los conocimientos tanto a nivel teórico como práctico, además de a mejorar sus destrezas con las nuevas tecnologías.

Facebook: https://www.facebook.com/arteneaUCM/?ref=settings

Twitter: @arteneaUCM

Seguidores en Redes sociales

Facebook	1715 seguidores
Twitter	1236 seguidores

Aunque no estaba previsto en la programación inicial del proyecto ampliar el ámbito de actuación a otras redes, hemos creado cuentas relacionadas con nuestra iniciativa en otras dos plataformas sociales de gran aceptación social: **Youtube:** ArteneaUCM

Un portal de internet en el que ofrecemos un variado repertorio de material audiovisual artístico procedente de la red y constituye una herramienta práctica muy útil para ampliar conocimientos sobre la materia de estudio. En este canal también se cuelga trabajos audiovisuales propios realizados por los alumnos en las prácticas de la asignatura.

https://www.youtube.com/channel/UCKVADfSyQ_4v68AOOD-FoE3g

Instagram: arteneaucm

Una aplicación que actúa como red social ya que permite a sus usuarios subir cualquier tipo de fotos y videos. En nuestro proyecto hemos utilizado esta aplicación con la intención de crear una comunidad de estudiantes, profesores y PAS unidos por su pertenencia a la Facultad de Ciencias de la Información de la UCM y por el sentimiento común de disfrutar del Arte en nuestra propia universidad.

https://www.instagram.com/arteneaucm/

Discusión y conclusiones

En el actual contexto universitario en el que los alumnos han crecido bajo la influencia de internet y el mundo audiovisual, observamos que la utilización académica de las redes sociales se encuentra en estado embrionario y con escasa participación por parte de los docentes. Las nuevas herramientas tecnológicas permiten participar, compartir, informar, colaborar y comunicarse, sacar provecho educativo a ese potencial se ha convertido en el principal objetivo de este que no cuenta con muchos ejemplos en el actual sistema educativo de enseñanza superior.

Nuestro proyecto es una iniciática propuesta realizada de manera individual y pionera que ha obtenido significativos resultados en cuanto a nivel de satisfacción, participación y resultados en el alumnado. Pensamos en estudiantes que no sean meros receptores de contenidos, que sean buscadores de información, que desarrollen sus habilidades comunicativas, que relacionen el conocimiento con la realidad, que utilicen las nuevas tecnologías en su aprendizaje, que indagen en la capacidad de las redes más allá de la socialización, que procesen la información y que se conviertan en motores de la divulgación.

Las nuevas tecnologías, los entornos virtuales, las redes sociales se han convertido en recursos inestimables para el intercambio de conocimiento, utilizarlas con menor o mayor intensidad es cuestión de tiempo, y parece que cada día es más constatable la imperiosa necesidad de que todos los agentes implicados en la docencia universitaria (instituciones, profesores, alumnos) tomen conciencia de esta realidad para hacer frente a los nuevos retos del Espacio Europeo de Educación Superior. Debemos convertir la tecnología en un aliado para nuestros fines didácticos, aunque eso no será posible sin un elevado grado de motivación por parte del profesor y la voluntad de aprender autónomamente por parte del alumnado.

Los beneficios que las redes sociales pueden aportar en el proceso de enseñanza-aprendizaje son muchos y constatables: metodologías activas, búsqueda, análisis y reelaboración de la información, autonomía del alumnado, interacción entre docente y estudiante, motivación para el aprendizaje. Generar este ambiente de interactividad, supone adaptase a la nueva realidad, no se trata de promover el exceso de información sino de fomentar la habilidad para procesarla.

Bibliografía

Adell, J. (2007). Wikis en educación. En J. Cabero & J. Barroso (eds.). Posibilidades de la teleformación en el Espacio Europeo de Educación Superior (pp 323-333). Granada: Editorial Octaedro Andalucia.

Espuny, Cinta; González, Juan; Lleixà, Mar; Gisbert, Mercè (2011). "Actitudes y expectativas del uso educativo de las redes sociales en los alumnos universitarios", En "El impacto de las redes sociales en la enseñanza y el aprendizaje" [monográfico en línea]. Revista de Universidad y Sociedad del Conocimiento (RUSC). Vol.8, nº1, págs. 171-185.

Gómez M; Roses S; Farias P. El uso académico de las redes sociales en universitarios. En *Comunicar*, nº 38, v. XIX, 2012: 131-138.

J.J De Haro: *Redes Sociales en Educación*, 2012. [En línea] 2010. Disponible en:http://danza-net.org/data/2011/10/21/35/file/1319411880redes_ sociales_educacion.pdf

ALFABETIZACIÓN VISUAL EN EL CURSO UNIVERSITARIO DE PERIODISMO: IMÁGENES COMPLEJAS, IMÁGENES TRANSITIVAS, IMÁGENES INTERACTIVAS

Dulcilia Schroeder Buitoni

Escola Superior de Propaganda e Marketing, Brasil

Resumen

Incluso con todos los avances que la producción de imágenes ha tenido y sigue teniendo, las fotografías y vídeos en sitios web son poco trabajados y no utilizan todas las posibilidades de las tecnologías digitales. Antes de la diseminación de las visualidades digitales, los cursos universitarios de Periodismo dedicaban poco espacio al estudio de las imágenes. En resumen, era y es necesaria una alfabetización visual. Una de las finalidades de esta investigación es proporcionar subsidios para la formación de periodistas y reforzar la importancia de la reflexión, el análisis y la experimentación con imágenes. La observación de las imágenes de sitios de dos periódicos brasileños, Folha de S. Paulo y O Estado de São Paulo, y de los proveedores UOL y Terra muestran un uso muy convencional. También encontramos raros ejemplos de webdocumentales, formato que debería ser más estimulado. Es una investigación cualitativa de observación, fundamentándose en teorías de la imagen de Josep M. Català, de la Universidad Autónoma de Barcelona. Sus conceptos de imagen compleja y de imagen interfaz son fundamentales para la comprensión y el trabajo con imágenes. También se incluyen dos conceptos por mí desarrollados: embrión narrativo e imagen transitiva. Como resultado, estos dos conceptos mostraron una gran eficiencia para el análisis y la creación de fotografías e imágenes en movimiento. La discusión propone la investigación y la experimentación de nuevas formas visuales y audiovisuales para el periodismo digital, teniendo como finalidad incluir esas acciones en la enseñanza universitaria de Periodismo.

Palabras claves

Teorías de la imagen, imágenes periodísticas en internet, enseñanza de periodismo, imagen compleja, imagen interactiva.

Introducción

He estudiado Periodismo en una facultad de la Universidade de São Paulo, Brasil, que nació en 1966 como Escola de Comunicações e Artes, donde fui profesora y investigadora hasta 2005 . Para mí, la interdisciplinariedad entre artes y comunicación es imprescindible. Así, para trabajar con imágenes informativas, es necesario incluir el Arte. En la actualidad, soy profesora del Mestrado Profissional em Produção Jornalística e Mercado da Escola Superior de Propaganda e Marketing, que tiene un núcleo de investigación sobre innovación pedagógica. Con mis estudiantes, teorias, experimentación y imaginación siempre deben estar em articulación.

Vivimos una época de expansión de las imágenes periodísticas y de expansión de todos los tipos de imágenes. Tenemos más imágenes, sin embargo tenemos menos sentidos y menos narrativas. Incluso con todos los avances de la producción de imágenes, las fotografías y vídeos en sitios periodísticos en Internet no utilizan todas las posibilidades de las tecnologías digitales. Las imágenes de periodismo impreso o digital casi siempre son muy pobres e informan poco. Antes mismo de la diseminación de las visualidades digitales, las formaciones universitarias de Periodismo dedicaban poco espacio al estudio de las imágenes. El mundo está súper poblado por imágenes pero la formación de los periodistas casi no estudia las imágenes. En ese sentido, es fundamental aumentar cursos y laboratorios sobre imagen y medios en las facultades de comunicación.

El periodismo es fundamentalmente narrativa. Si tenemos acciones en el tiempo, si tenemos personajes, hay que narrar. Pero las narrativas andan en baja - están sufriendo mutaciones por la aceleración de las comunicaciones, pero van a persistir hasta el fin de los tiempos; hay ese residual del contar que forma parte de nuestra humanidad. Una foto puede contar una historia? La secuencia de fotos o vídeos son narrativas visuales? ¿Cómo los cursos de periodismo trabajan la presencia de la imagen y la narrativa visual? ¿Cómo perfeccionar el conocimiento y la producción de imágenes periodísticas?

Era y es necesaria una alfabetización visual para los estudiantes de periodismo. Una de las finalidades de esta investigación es proporcionar subsidios para la formación de periodistas y reforzar la importancia de la reflexión, el análisis y la experimentación con imágenes. Así, aprender a leer las imágenes para intentar producir y publicar imágenes significativas. Los cursos aún dan más valor al contenido, a los textos verbales y poco al estudio de la naturaleza de las imágenes. La tradición escrita se impuso como más fuerte para explicar el mundo; la experiencia visual era sólo complementaria. No basta utilizar las fotografías periodísticas para ilustrar temas; es necesario pensar en la capacidad cognoscitiva de la imagen. Para que las imágenes no se limiten a su superficie es preciso recurrir a la fenomenología, hay que profundizar y pensar una interioridad de las imágenes. Por eso, seguimos los pasos de Josep M. Català que dice que "había que investigar no solo el camino a través del cual se pueden obtener conocimientos por médio de las imágenes, sino también la forma en que es posible reflexionar visualmente sobre ese saber" (Català, 2005, p. 22).

Serán presentados en este artículo los conceptos de embrión narrativo, imagen compleja, imagen transitiva, imagen interfaz, imagen interactiva. Estos conceptos son muy útiles para el análisis y la producción de fotografías y vídeos periodísticos, especialmente cuando se publican en internet. Es decir, son conceptos muy buenos para el periodismo digital.

Para demostrar la utilización convencional, analizaremos diarios digitales de Brasil y sitios periodísticos, además de dar ejemplos de publicaciones bien acabadas.

Objetivos Generales y Específicos

El objetivo general de esta investigación es proporcionar subsidios para la formación de periodistas y reforzar la importancia de la reflexión, el análisis y la experimentación con imágenes en razón de que no se trabajan con profundidad fotografías y videos en las facultades de Periodismo. Entre los objetivos específicos haberá una discusión sobre la fenomenología de las imágenes y la presentación de conceptos como embrión narrativo, imagen compleja, imagen transitiva, imagen interfaz, imagen interactiva. Pienso en proponer un nuevo mapa cognitivo para la imagen periodística. Tales conceptos serán aplicados en la observación de las imágenes de sitios de dos periódicos brasileños, Folha de S. Paulo y O Estado de São Paulo, y de los proveedores UOL y Terra.

Método

En primer lugar, una discusión teórica sobre la fenomenología de las imágenes, basada principalmente en la obra "La imagen compleja: la fenomenología de las imágenes en la era de la cultura visual", de Josep M. Català, con la utilización de sus conceptos de imagen compleja e imagen interfaz. También se presentarán los conceptos de embrión narrativo e imagen transitiva, desarrollados por esta autora. Será utilizado además el concepto de imagen ilustrativa, que ya hace parte de clasificaciones comunes. Estos conceptos serán aplicados a una investigación cualitativa de observación de visualidades de periódicos digitales y sitios periodísticos brasileños. Hay la preocupación con el equilibrio y la articulación entre texto verbal, imagen y sonido.

Josep M. Català, profesor de la Facultad de Ciencias de la Comunicación de la Universidad Autónoma de Barcelona (UAB), es licenciado en Historia, Master of Arts in Film Theory por la San Francisco State University de California, doctor en Ciencias de la Comunicación por la UAB y creador de un Máster en Documental Creativo en la misma universidad. Escribió un inmenso tratado sobre la naturaleza de las imágenes, donde expone la genealogía de lo que él conceptualiza como una imagen compleja. Investiga el interior de las imágenes, las figuras de la imagen, con discusiones sobre metáfora e interfaces. Muchos dicen que vivimos en una era de cultura de la imagen; pero él prefiere la denominación de cultura visual, que es más amplia y no tiene un sesgo tan negativo como "la era de la imagen".

Català piensa en construir el edificio teórico de la imagen compleja:

> Pero es de esta arquitectura, que combina lo interno y lo externo, lo fijo y lo móvil, el espacio y el tiempo, lo subjetivo y lo objetivo, de donde surge la verdadera complejidad visual, que he querido poner de manifiesto mediante lo que pretende ser un verdadero paseo por las imágenes, emprendido con ánimo de conversar con ellas. Se trataba de pensar las imágenes, pero también de pensar con las imágenes, para poner de manifiesto su particular fenomenología y los problemas epistemológicos, cognitivos y estéticos que la misma conlleva (Català, 2005, p.22).

Cuatro conceptos fundamentan nuestra metodología de análisis: imagen compleja e imagen interfaz fueron desarrollados por Josep M. Català. El embrión narrativo y la imagen transitiva fueron construidos por mí. Dos conceptos son fundamentales para esta investigación: el concepto de hipertexto, de Pierre Lévy, y el de imagen compleja. Para denominar sistemas textuales que operaban con diferentes interfaces y abrían innumerables posibilidades de camino, Pierre Lévy (Lévy, 1993: 33) escogió el término hipertexto, en lugar de multimedia interactiva o hipermedia, acentuando que tal preferencia no excluía la dimensión audiovisual: "al entrar en un espacio interactivo y reticular de manipulación, de asociación y de lectura, la imagen y el sonido adquieren un estatuto de casi textos".

a) Imagen compleja:

La construcción del concepto de imagen compleja emprendida por Català sobrepasa conceptos de hipertexto: sin negarlos, propone un instrumento de investigación de productos mediáticos aún más provechoso. Así, si las imágenes "realistas" (objetivas, científicas) buscan la transparencia, la mimesis, la ilustración, la observación como espectador; la imagen compleja tiene características de opacidad, de reflexión, de interactividad. Buscando un "pensamiento visual", expone como el concepto tradicional de imagen transparente, mimética e ilustrativa da lugar a la imagen compleja: opaca, expositiva, reflexiva e interactiva. Él mostra (Català, p. 68) como la visualidad científica, dejándose contaminar por el arte, la subjetividad y las emociones, se transforma en visualidad post-científica, en una imagen compleja.

b) Imagen transitiva:

Las características de reflexividad e interactividad nos llevaron a concebir la imagen compleja como imagen transitiva. La aplicación de la imagen compleja a diferentes objetos de investigación en comunicación ha permitido el desarrollo de la concepción de la imagen transitiva. La imagen que provoca reflexión, que invita a la interacción, tiene características transitivas. Consideramos, entonces, que la imagen compleja dispone de potencialidades transitivas, principalmente cuando fluye por internet. Al aportar significado, al construir conocimiento, al transfigurarse en arte, la imagen reviste de cualidades transitivas. La imagen transitiva pide más espacio, pide objetos, pide sentidos. Es posible aún apuntar relaciones transitivas – aunque poco complejas- en la circulación de imágenes en las redes sociales, dinámica en que interactúan sistemas de identificación y de afectos.

c) Embrión narrativo:

He trabajado el concepto de embrión narrativo para analizar las fotos que traen un "disparador" hacia adelante y hacia atrás. Un instante fue congelado, pero esa foto nos estimula a pensar que hubo algún movimiento antes o que habrá un después. Una imagen con embrión narrativo funciona como un marco de una secuencia narrativa y presenta un potencial más periodístico. Generalmente es parte de un movimiento, pero puede ser también una escena estática. El embrión narrativo guarda alguna relación con el concepto de punctum, de Roland Barthes. Para él, el punctum es un detalle que llama la atención de quien mira la fotografía. El punctum puede no ser el mismo para las personas que examinan la escena retratada. Barthes dice que el punctum "tiene, más o menos virtualmente, una fuerza de expansión, esa fuerza es a menudo metonímica" (Barthes, 1984, p. 73).

El embrión narrativo también es una fuerza de expansión, una expansión, hacia adelante o hacia atrás, de la acción que está congelada en la imagen. Barthes continúa: "el punctum es, por lo tanto, una especie de extracampo sutil, como si la imagen lanzara el deseo más allá de lo que ella da a ver" (Barthes, 1984, p. 89).

d) Imagen interfaz:

La transitividad de las imágenes implica otro concepto de Català, el concepto de interfaz, ya presentado en el libro "La imagen compleja" y ampliado en una obra específica, "La imagen interfaz". Para él, la imagen interfaz funciona como un modelo mental, como un modelo de pensamiento. La interfaz no sólo relaciona imágenes, pero también pone en funcionamiento textos o voces, colocándolos en el ámbito de la imagen, del visual (Català, 2010: 276). La enseñanza del periodismo debe incluir esta reflexión sobre la naturaleza de las imágenes. Para entender las nuevas visualidades, para utilizarlas en el periodismo digital, la fenomenología estético-científica de Català nos señala caminos "en los cuales teoría y práctica se enriquecerían mutuamente e intercambiarían sus papeles cuando fuese necesario". En resumen, embrión narrativo, imagen compleja, imagen interfaz, imagen transitiva, imagen móvil, imagen co-móvil son poderosos instrumentos para la investigación y la producción de periodismo.

La interfaz es una representación extendida:

> Deja de existir un único espacio de representación – la escena, el cuadro, la página, la pantalla – para abrir la posibilidad de infinidad de espacios potenciales. Estos espacios potenciales que, a su vez, son una alegoría de la disolución del espacio euclidiano en el fluido espacio-temporal, no corresponden a una materialidad concreta, no son fragmentos de espacio como el plano cinematográfico, sino potencias visuales que se convierten en espacio virtual de acuerdo a la necesidad representativa-conceptual-informática de cada momento. De acuerdo con ello, la forma de estos espacios virtuales tampoco es estable y se adapta a las contingencias (Català, 2010, p. 240).

> La imagen interfaz se utiliza no sólo para información visual, sino también como elemento de conexión, sirviendo a una sintaxis hipermedia. En ese sentido, va mucho más allá del icono: "la interfaz no sólo relaciona imágenes, ni mucho menos, sino que también pone en funcionamiento textos o voces, si bien los coloca en el ámbito de la imagen, de lo visual" (Català, 2010, p. 276).

Observación de diarios y sitios informativos

Se realizó una investigación cualitativa de observación. Los diarios digitales analizados fueron Folha de S. Paulo y O Estado de São Paulo, ambos editados en la ciudad de São Paulo. Para efectos de comparación, las mayores tiradas de Brasil son el Super Notícia, de Belo Horizonte (249.297), periódico popular y sensacionalista, O Globo, de Río de Janeiro (193.079), Folha de S. Paulo (189.254) y O Estado de São Paulo (157.761), ambos de São Paulo. Super Notícia es un diario sensacionalista, con titulares llamativos y fotos de mujeres en la portada.

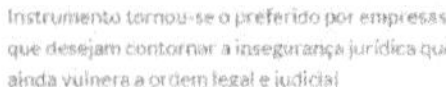
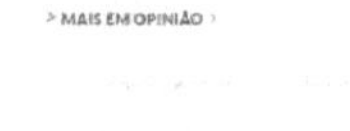

Sitio web O Estado de S. Paulo. Acceso al día 12/06/2017.

Sitio web Folha de S. Paulo. Acceso al día 12/06/2017.

Sitio web Super Noticia. Acceso al día 12/06/2017.

Los diarios analizados utilizan fotografías casi siempre ilustrativas; las galerías de imágenes son débilmente articuladas en narrativas y fotos de gran calidad periodística son raras. No hay imágenes complejas, transitivas ni imágenes interfaz. La publicidad y una serie de banners y otros pop-ups contribuyen a una visualidad bastante congestionada. Los vídeos, fotos publicitarias se disputan la atención con las noticias periodísticas.

Sitio web Terra. Acceso al día 12/06/2017.

Los dos periódicos analizados, Folha de S. Paulo y O Estado de São Paulo, aún conservan un diseño razonablemente legible, aunque interrumpido por publicidades de todo tipo. Los sitios periodísticos, principalmente el Terra, son bastante contaminados visualmente. Los sitios UOL y Terra también presentan fotos predominantemente ilustrativas. Los sitios de noticias analizados pertenecen a dos proveedores de internet, con sede en São Paulo: UOL, perteneciente al grupo Folha de S. Paulo, y Terra. El sitio G1 (g1.globo.com), el portal de noticias de la Rede Globo, la mayor red televisiva brasileña, es uno de los más accedidos, junto a los dos que fueron analizados.

Fotos ilustrativas

La mayoría de las fotos de los periódicos y sitios periodísticos en línea son meramente ilustrativas; solo sirven para reconocer, identificar, rememorar acciones o personajes. No se observan embriones narrativos o agregación de informaciones.

Sitio web Terra. Vídeo con imágenes ilustrativas; no hay movimiento, ellas sólo dicen sus palabras. Acceso al día 12/06/2017.

Buena parte de las fotos de los sitios web proviene de agencias o de bancos de imágenes, lo que contribuye a una homogeneización cultural y estética; difícilmente se percibe rasgos de autor. Casi nunca se indica el nombre del fotógrafo. Los vídeos también muestran imágenes ilustrativas; hay muchos vídeos con testimonios en los que la gente está hablando sólo frente a una cámara. No hay planes-secuencia.

Ejemplos de embrión narrativo

Fotos con embrión narrativo son bastante raras en los sitios. Hemos señalado dos ejemplos:

Adolescente diz ter implorado para não tatuarem 'ladrão' em sua testa

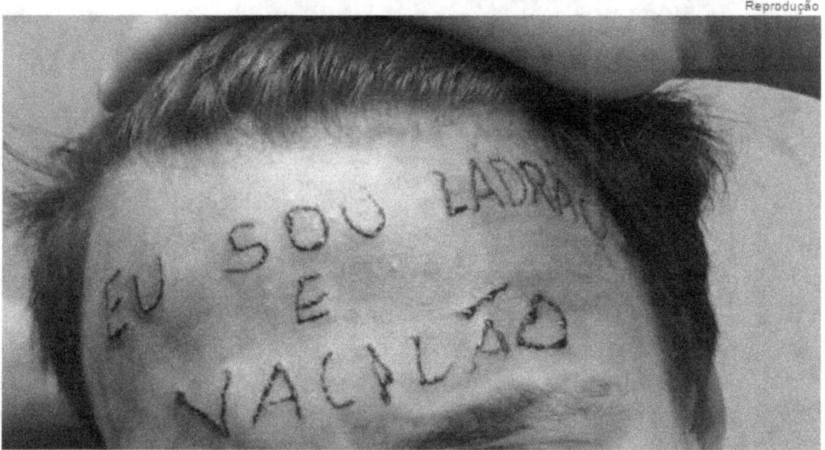

Jovem tem testa tatuada após ser acusado de roubo em São Bernardo do Campo, na Grande São Paulo

ÉRIKA VALOIS
DO "AGORA"

12/06/2017 ⊘ 02h00

Sitio web UOL. Acceso al día 12/06/2017.

Nova operação na Cracolândia

Cerco policial à Praça Princesa Isabel, para onde os dependentes migraram após a operação de três semanas atrás Foto: Gabriela Biló / Estadão

Publicado: 11/06/2017 | 8:42

Sitio web O Estado de S. Paulo. Acceso al día 12/06/2017.

En la primera imagen, un joven acusado de robar una bicicleta fue perseguido y un tatuador escribió en su frente "yo soy ladrón y cobarde". Hay un embrión narrativo, que permite imaginar un antes y un después de la imagen. En el otro, del diario O Estado de São Paulo, la foto de los policías frente a un monumento en honor de un general de la historia de la república, y la columna de humo da motivos para pensar en la continuación de una acción.

Narrativas visuales

Los periódicos y los sitios brasileños publican galerías de imágenes sin un tratamiento narrativo más cuidado. A menudo el mismo título se repite en casi todas las fotos. El sitio web de UOL viene publicando un producto llamado Tab, cada semana sobre un tema diferente. El Tab reúne textos, vídeos y fotos en desplazamiento vertical y presupone alguna interactividad, porque el usuario puede abrir los vídeos en el orden que desee. Sin embargo, algunas fotos presentan subtítulos laterales, lo que dificulta imaginar una secuencia narrativa.

Sitio web UOL Tab. Quilombos resistem. Acceso al día 12/06/2017.

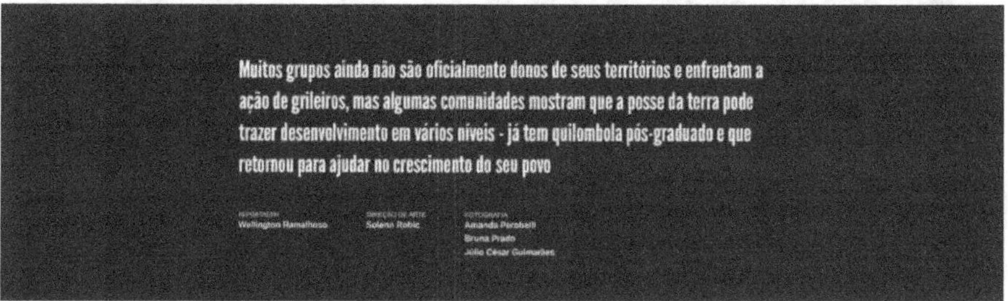

Sitio web UOL Tab. Quilombos resistem. Texto de apertura. Acceso al día 12/06/2017.

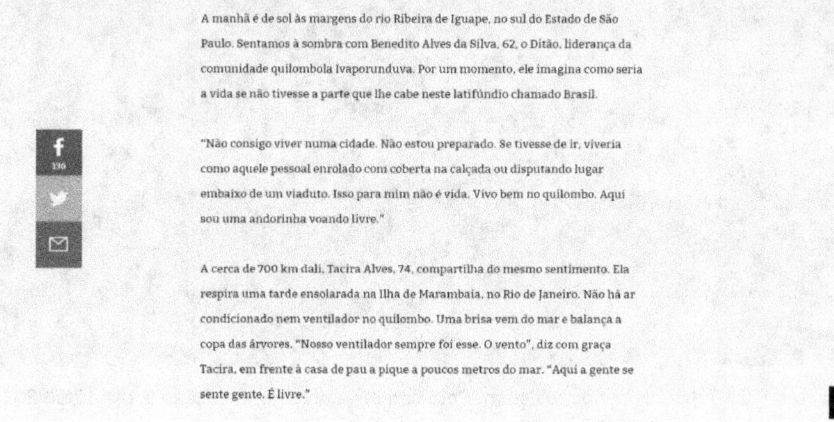

Sitio web UOL Tab. Quilombos resistem. Inicio del texto. Acceso al día 12/06/2017.

Este Tab es sobre comunidades antiguas – quilombos – formadas por descendientes de esclavos africanos. Hay un título principal, "Quilombos resisten", y un subtítulo, "Posesión de la tierra o fin de una cultura: descendientes de esclavos luchan por sus comunidades". Después hay un pequeño texto de apertura, seguido por las indicaciones de los autores. El comienzo de la narrativa sigue el estilo de un reportaje estándar.

Sitio web UOL Tab. Quilombos resistem. Foto con leyenda. Acceso al día 12/06/2017.

Sitio web UOL Tab. Quilombos resistem. Foto con leyenda lateral. Acceso al día 12/06/2017.

Las fotos tienen buena calidad, pero no se articulan en narrativa; las leyendas de las fotos son sólo descriptivas. En resumen, la idea de producir nuevos formatos narrativos visuales no llega a resultados significativos.

El diario digital Clarín.com, de Argentina, se destaca por haber hecho experimentos con fotoperiodismo, narrativas visuales con fotografías y excelentes webdocumentales desde el inicio del siglo XXI. Clarín ha reservado mucho espacio para fotorreportajes y para productos multimedia con uso creativo de imágenes fotográficas. El diario refuerza la autoría: los fotógrafos son valorados, sea por créditos, sea por hubieren producido ensayos fotográficos. En 2006, había una extensa sección llamada Multimedia, que reunía desde ensayos fotográficos a productos multimedia de elaboración apurada, verdaderas producciones especiales. Todo el archivo de la sección Multimedia estuvo disponible hasta 2015; hoy es más difícil acceder a estos productos de excelencia. Había gran diversidad de temas – pobreza, ecología, guerra, violencia, cuestiones internacionales, cuestiones históricas etc. Ahora el Clarín ya no presenta el mismo volumen de producción, principalmente de webdocumentales. Pero es posible encontrar en Internet algunas de esas producciones.

Una fotogalería de producción reciente – Vaqueros de humedales – es un buen ejemplo de cuidado estético y de articulación en narrativa visual.

Sitio web Clarín. Fotogalería Vaqueros de humedales. Acceso al día 12/06/2017.

Sitio web Clarín. Fotogalería Vaqueros de humedales. Acceso al día 12/06/2017.

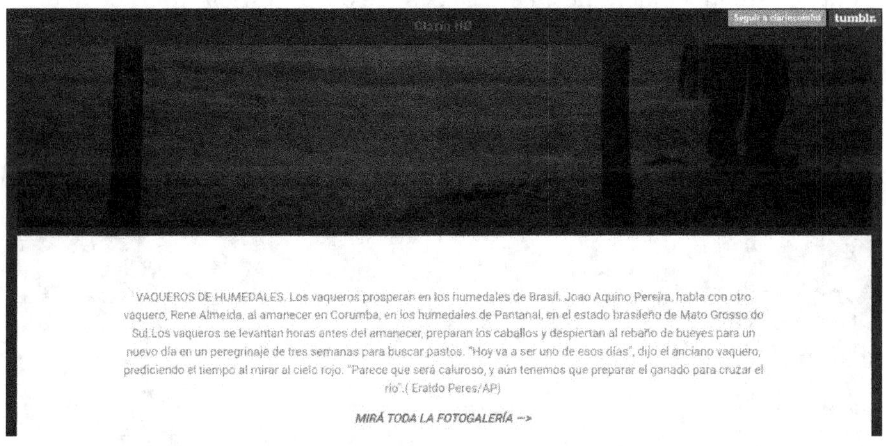

Sitio web Clarín. Fotogalería Vaqueros de humedales. Acceso al día 12/06/2017.

Sitio web Clarín. Fotogalería Vaqueros de humedales. Acceso al día 12/06/2017.

Las imágenes de las fotogalerías del Clarín son editadas como si fueran un ensayo fotográfico, lo que permite una lectura más consistente y estimuladora de sentidos.

Imágenes complejas y transitivas; imagen interfaz

El País Brasil, diario digital, publicó una fotogalería, La vida en Marginal Tietê, en el 13 de octubre de 2016, con fotos blanco y negro de la Marginal (gran vía de circulación de coches y camiones, en dirección a las carreteras), de ambulantes y de peatones, con subtítulos significativos: esta sí tuvo un trabajo de pauta y de edición, resultando en algo que añade calidad periodística. Son imágenes complejas y transitivas que forman una narrativa visual, articulada también por los textos. La autoría está presente, incluso por la indicación del nombre del autor.

1

É no finalzinho da tarde que os ambulantes começam a chegar na Marginal. Muitos deles deixam os carros estacionados nas vicinais da via expressa, botam amendoim, salgadinho e água a tiracolo e se preparam para atravessar as até dez pistas. Tem alguma manha especial para conseguir passar pelos carros? "Não. É esperar um momento favorável e correr sem pensar muito", diz um deles.

MARCO ESTRELLA

Sitio web El País Brasil. Fotogalería A vida na Marginal Tietê. Acceso al día 13/10/2016.

Las personas entrevistadas se identifican y contribuyen a introducir elementos narrativos, que hacen la conexión entre una foto y otra. Cada imagen presenta calidad estética y fue pensada en relación a las otras.

5   Dona Maria (à direita) trabalha como ambulante nas pistas da Marginal Tietê há 21 anos. Ela ganha até 1.500 reais por mês e vive num barracão ali perto. Durante a noite, meninos que trabalham em uma mercearia no centro de SP vão abastecê-la de produtos de bicicleta. Ressabiada com a possibilidade de a reportagem despertar alguma represália do Estado, que poderia tirará-la dali, inicialmente só topou tirar foto com a amiga, que também trabalha na zona. "Sempre a Globo vem filmar aqui, os guardas vem tirar a gente no dia seguinte", disse, com uma risada nervosa.

MARCO ESTRELLA

Sitio web El País Brasil. Fotogalería A vida na Marginal Tietê. Acceso al día 13/10/2016.

Los textos abajo de las fotografías constituyen pequeñas narrativas que tienen continuidad en las escenas siguientes. Del mismo modo, el texto también prepara para las próximas acciones; también es transitivo así como las imágenes.

Para Pierre Lévy, técnicamente un hipertexto es un conjunto de nudos conectados por conexiones. Los nodos pueden ser palabras, páginas, imágenes, gráficos o parte de gráficos, secuencias sonoras, documentos complejos que pueden ser hipertextos. Los elementos de información no se vinculan linealmente, como en una cuerda con nosotros, pero cada uno de ellos, o la mayoría, extiende sus conexiones en estrella, de modo reticular (Lévy, 1993, p. 33).

El especial "Borges en Clarín", probablemente apareciendo en el Clarín digital en 2006, trae hipervínculos que llevan a una lectura no lineal y multidimensionada. El documental fluye en secuencia de animación horizontal. La tira dibujada por donde fluyen las imágenes es estrecha, ocupa sólo una parte de la pantalla, con partes blancas arriba y abajo. Es una forma muy diferente de ocupar la pantalla del ordenador.

Los textos y los audios están disponibles a lo largo del "hiperdocumental": es posible interrumpir el flujo para leer un cuento, un poema en facsímil o escuchar a una actriz declamando un texto del escritor.

El trabajo de articulación visual/verbal puede ser vivido de varias maneras, con interrupciones para lectura de textos o audición de obras de Borges. Este webdocumental es fruto de un equipo de redactores y diseñadores. Este webdocumental realiza plenamente las posibilidades de Lévy para el hipertexto y también es un ejemplo de trabajo con imágenes complejas.

Webdocumental Borges en Clarín. Disponible en YouTube. Acceso al día 12/06/2017.

Borges en Clarín presenta dos posibilidades de navegación: es posible elegir una u otra. Al principio del documental, la escritora Beatriz Sarlo comienza a hablar sobre la presencia de Borges en el Clarín. Junto con su testimonio, su foto en color aparece en una tira dibujada, donde surge también una foto en blanco y negro de Borges. Cada vez que otra persona comienza a hablar, aparece la foto correspondiente. En una tira debajo de las imágenes, el habla que se está escuchando se reproduce en texto.

Webdocumental Borges en Clarín. Disponible en YouTube. Acceso al día 12/06/2017. (indicación: click para leer el facsímile del texto de Borges).

Webdocumental Borges en Clarín. Disponible en YouTube. Acceso al día 12/06/2017.

El usuario puede hacer click para ver y escuchar a una actriz famosa declamando un texto de Borges. Las imágenes estáticas adquieren movimiento, apareciendo como si-movientes, co-movientes – tales características inducen a modificaciones temporales e inducen a narrativas. Tales imágenes de matriz fotográfica funcionan como instrumento; se insertan en el proceso narrativo acelerándolo, suspendiéndolo, disminuyendo el ritmo. Funcionan como interfaz; son imágenes complejas.

Webdocumental Borges en Clarín. Disponible en YouTube. Acceso al día 12/06/2017.

Imágenes periodísticas recuerdan que Borges escribió en Clarín sobre las madres de la Plaza de Mayo. El documental Borges en Clarín es un excelente ejemplo de uso de imágenes complejas, transitivas y con efecto de interfaz. Al funcionar como modelo mental, la interfaz relaciona imágenes entre sí y también pone en funcionamiento textos verbales, voces y sonidos. Hubo una gran producción de webdocumentales por el Clarín al final de la primera década del siglo XXI. Temas variados fueron tratados en webdocumentales como Narcoguerra (México); Cayucos (barcos que transportan inmigrantes por el Mediterráneo); Brasil Petrolero; Ruta 66; Antartida se derrite; El viaje en que Ernesto se convirtió en el Che; Cuba sin Fidel entre otros. Recordemos también el multimedia Snow Fall, del New York Times, de 2012, apuntado como una producción innovadora.

Estos documentales utilizan imágenes complejas e imágenes transitivas. Como se puede constatar, estos conceptos son instrumentos de análisis e instrumentos a ser aplicados en la producción de imágenes y productos audiovisuales periodísticos.

Resultados

Tanto los periódicos impresos como los digitales están haciendo poco uso de imágenes periodísticas más trabajadas. Los diarios digitales Folha de S. Paulo y O Estado de São Paulo y los sitios informativos UOL y Terra no se preocupan en publicar fotografías, vídeos y documentales que traigan cualidades estéticas e informativas; la producción masiva y convencional es la regla. Es posible relacionar esa poca calidad a la velocidad de la producción periodística, a la sobredosis de estímulos visuales, a la facilidad de fotografiar y captar videos en dispositivos móviles. Sin embargo, necesitamos buscar imágenes más significativas y más informativas. Por el momento, en el periodismo digital, esas imágenes son excepciones. El contexto mediático actual pide que se formen periodistas que tengan más atención a la producción de imágenes periodísticas que se destaquen e informen en medio de tantas visualidades superficiales y desechables.

La disminución de las pantallas y la movilidad de los soportes están haciendo que los títulos verbales sean usados para atraer la atención más que las imágenes propiamente dichas. También verificamos que las imágenes en internet, además de no explotar sus posibilidades informativas, narrativas y estéticas, tampoco se utilizan para llamar la atención como en las antiguas publicaciones impresas. Debido a la migración a tablets y smartphones, el pequeño espacio de la pantalla está prefiriendo las llamadas en texto para atraer a los lectores. Una excepción es el sitio The Big Picture, del diario The Boston Globe, que utiliza fotos que ocupan la pantalla entera como principal medio de información, construye narrativas visuales y aún monta ensayos fotográficos sobre un tema con imágenes de diferentes fotógrafos – una verdadera curaduría. Sus publicaciones no pueden llamarse galerías; hay toda una articulación entre las fotos y las leyendas. Son resultados de ensayos fotográficos, a veces de autoría de un solo fotógrafo. Por otro lado, The Big Picture también monta grandes fotorreportajes sobre determinado tema con imágenes hechas por diferentes fotógrafos, incluso de diferentes países: es una verdadera curaduría del editor de fotografía que escoge fotos que van a componer una narrativa.

Discusión y conclusiones

Estudiar la fenomenología de las imágenes periodísticas publicadas en internet es de gran importancia para la formación de periodistas. En todo el mundo, los periódicos impresos están disminuyendo su circulación. Un gran periódico – Gazeta do Povo – de la ciudad de Curitiba, capital del estado de Paraná, pasó a tener sólo la versión digital. La gente está accediendo a las noticias vía internet en ordenadores o en smartphones. En el caso del público más joven, el acceso es mayoritariamente digital, habiendo una gran migración para el consumo de noticias vía Facebook, Twitter y otras redes sociales.

La imagen de matriz fotográfica se fue convirtiendo en el gran referente dentro del imaginario social y hoy su presencia en cada segundo de la vida constituye nuestra conciencia imagética. El periodismo tiene gran responsabilidad en la producción y divulgación de imágenes, que pueden reforzar estereotipos o apuntar nuevos caminos hacia la igualdad y la sostenibilidad. La gran prensa, en fase de enormes transformaciones, casi no abre espacio para grandes narrativas fotográficas o para documentales.

La migración de la imagen fotográfica del medio impreso para el soporte digital está acarreando una profunda transformación en la producción, el disfrute y el almacenamiento que tal vez todavía no logremos acompañar porque estamos sumidos en la aceleración, en el uso más común, en la imagen siempre sustituida y sustituible. El web periodismo todavía está gateando en la utilización de ese campo imagético construido por matrices fotográficas. La imagen digital propició espectacularidad, repetición y movilidad. Sin embargo, casi no vemos imágenes expresivas. La imagen fotográfica contemporánea, entendida y trabajada en su complejidad, podría traer formas más expresivas e informativas al periodismo. Por más que las posibilidades tecnológicas parezcan abrir infinitos caminos creativos, la fabricación de imágenes digitales está determinada por la programación inscrita en el aparato o máquina productora o reproductora. Por lo que necesitamos buscar maneras de crear imágenes periodísticas que no estén tan sometidas a los programas automáticos. Además, las posibilidades de selección y de acceso también están limitadas por los algoritmos, otra forma de promover la estandarización.

Trabajo con los conceptos de imagen compleja y de interfaz desde hace más de diez años; estos conceptos muestran una gran eficacia en la enseñanza y la investigación del periodismo, así como en el estímulo para la creación de nuevas visualidades periodísticas. El concepto de imagen compleja se mostró de gran eficiencia para el análisis de las fotografías y narrativas visuales periodísticas, principalmente en periodismo digital. De la misma manera, los conceptos de embrión narrativo, imagen transitiva e imagen interfaz contribuyen a la comprensión y la interpretación de las imágenes, así como para orientar su producción y edición. Estoy proponiendo la introducción de estos conceptos en la enseñanza universitaria de periodismo, porque los periodistas necesitan tener una mirada más crítica y reflexiva sobre las imágenes que producen y publican. La investigación de las imágenes de los diarios Folha de S. Paulo y O Estado de S. Paulo y de los sitios UOL y Terra mostró que pocas imágenes se destacan: la mayoría produce una percepción plana, no trae dimensiones reflexivas, no interactúa con el texto ni con otras imágenes. No son imágenes complejas. Hemos mostrado el Clarín digital como ejemplo de uso creativo de lenguaje multimedia. En pequeños reportajes, entrevistas o en webdocumentarios, el Clarín presenta imágenes complejas, transitivas, interactivas. Sus documentales trabajan con la interfaz como elemento de ampliación del espacio virtual de la imagen y como articuladora de sistemas narrativos.

El concepto de interfaz es esencial para la comprensión y la activación de las funciones estéticas y cognitivas de la fotografía. La interfaz es inherente a los espacios de hipertexto y multimedia. En el ordenador, la interfaz tiene una fundamentación principalmente visual; pero no podemos olvidar que en la interfaz intervienen también textos y sonidos. Los textos, tanto en el ámbito de la interfaz como en el ordenador en general, aparecen en primer lugar como un régimen de visibilidad, es decir, aparecen como imágenes. Sin embargo, conservan sus cualidades textuales y su potencial de interpretación como textos, pudiendo aún ganar más significación en su combinación con las imágenes.

El sonido también es un elemento esencial de las interfaces. Català dice que la imagen fue estudiada, el sonido fue estudiado, pero pocas veces el audiovisual fue considerado como un fenómeno distinto de los otros dos. Para él, es en el ámbito multimediático de la interfaz donde esta confluencia se materializa, apareciendo entonces una verdadera fenomenología de la audiovisualidad (Català, 2005, p. 579).

Tratamos en este texto principalmente de cuestiones de imagen. Sin embargo, no es posible imaginar el periodismo digital sin incluir el sonido. Así, al producir una foto o un vídeo para ser insertado en la web, no es posible pensar sólo en la imagen; más y más el audio debe ser imaginado como componente de la expresión comunicativa. Sonido, palabra e imagen pueden combinarse, ya nacidos de interacciones complejas y originando percepciones igualmente complejas. El instrumental teórico proporcionado por la imagen compleja y por el concepto de interfaz muestra caminos para la imagen periodística y el audiovisual periodístico.

Necesitamos pensar las imágenes, necesitamos pensar con las imágenes, antes de que seamos pensados por las imágenes algorítmicas.

Referencias bibliográficas

Barthes, R. (1984). A câmara clara. 2ª ed. Rio de Janeiro: Nova Fronteira.

Buitoni, Dulcilia. (2008). Fotografia animada no webjornalismo: interfaces e multimídia. In: Revista Studium, nº 27. Recuperado de http://www.studium.iar.unicamp.br/27/04.html

Buitoni, Dulcilia S. (2011). Fotografia e jornalismo: a informação pela imagem. São Paulo: Saraiva.

Buitoni, Dulcilia H. Schroeder. (2009). Imagens semoventes, imagens comoventes: interfaces visuais no webjornalismo. Revista Galáxia (p. 218-231), São Paulo, nº 18.

Català, Josep M. (2005). La imagen compleja: la fenomenología de las imágenes en la era de la cultura visual. Barcelona: UAB, Servei de Publicacions.

Domènech, Josep M. Català. (2010). La imagen interfaz: representación audiovisual y conocimiento en la era de la complejidad. Bilbao: Universidad del Pais Vasco.

Lévy, Pierre. (1993). As tecnologias da inteligência. Rio de Janeiro: Ed. 34.

Manovich, Lev. (2006). El lenguaje de los nuevos medios de comunicación: la comunicación em la era digital. Buenos Aires: Paidós.

Santaella, Lucia. NÖTH, W. (2009). Imagem, cognição, semiótica, mídia. São Paulo: Iluminuras.

Links

Materia sobre rapaz tatuado. Recuperado de http://www1.folha.uol.com.br/cotidiano/2017/06/1892182-adolescente-diz-ter-implorado-para-nao-tatuarem-ladrao-em-sua-testa.shtml (12/06/17)

Tab UOL sobre quilombos. Recuperado de https://tab.uol.com.br/quilombos#tradicao-quilombola (11/06/17)

Vídeo del Tab sobre quilombos. Recuperado de https://tv.uol/168hn (11/06/17)

Galería de fotos de O Estado de S. Paulo – Venezuelanos. Recuperado de http://fotos.estadao.com.br/galerias/internacional,a-vida-dos-venezuelanos-em-roraima,32406 (10/06/17)

Galería de fotos de O Estado de S. Paulo – Cracolândia. Recuperado de http://sao-paulo.estadao.com.br/noticias/geral,vizinhanca-da-praca-princesa-isabel-poe-comemoracao-em-espera-com-receio-de-retorno-de-usuarios,70001835774 (11/06/17)

Foto-galería Clarín. Recuperado de http://hd.clarin.com/post/161737187349/vaqueros-de-humedales-los-vaqueros-prosperan-en (11/06/17)

Trecho del webdocumental Borges en Clarín. Recuperado de https://www.youtube.com/watch?v=ZJTE52Ygucw&t=28s (11/06/17)

Foto-galería de El País Brasil – Marginal Tietê. Recuperado de http://brasil.elpais.com/brasil/2016/10/12/album/1476226928_947516.html#1476226928_947516_1476228254 (11/06/17)

*Este libro se terminó de elaborar en enero de 2018
en la ciudad de Sevilla, bajo los cuidados de
Francisco Anaya, Director de Egregius Ediciones.*